西方思想文化译丛
哲学

Derrida. Une Philosophie de L'Écriture
德里达：书写的哲学

Charles RAMOND
〔法〕夏尔·拉蒙 / 著　赵靓 / 译

刘　铭　主编

海峡出版发行集团｜福建教育出版社

图书在版编目（CIP）数据

德里达：书写的哲学／（法）夏尔·拉蒙著；赵靓译. -- 福州：福建教育出版社，2024.8. --（西方思想文化译丛／刘铭主编）. -- ISBN 978-7-5758-0069-3

Ⅰ. B565.59

中国国家版本馆CIP数据核字第2024F4X483号

Title of the original French edition: Derrida. Une Philosophie de L'Écriture
Published by Ellipses
Copyright 2018, Édition Marketing S. A.

All Rights Reserved.

西方思想文化译丛
刘铭 主编

Derrida. Une Philosophie de L'Écriture
德里达：书写的哲学
（法）夏尔·拉蒙 著 赵靓 译

出版发行	福建教育出版社
	（福州市梦山路27号　邮编：350025　网址：www.fep.com.cn）
	编辑部电话：010-62027445
	发行部电话：010-62024258　0591-87115073）
出 版 人	江金辉
印　　刷	福州万达印刷有限公司
	（福州市闽侯县荆溪镇徐家村166-1号厂房第三层　邮编：350101）
开　　本	890毫米×1240毫米　1/32
印　　张	9
字　　数	170千字
插　　页	1
版　　次	2024年8月第1版　2024年8月第1次印刷
书　　号	ISBN 978-7-5758-0069-3
定　　价	57.00元

如发现本书印装质量问题，请向本社出版科（电话：0591-83726019）调换。

编者的话

在经过书系的多年发展之后,我一直想表达一些感谢和期待。随着全球新冠疫情的爆发,与随之而来的全球经济衰退和政治不安因素的增加,各种思潮也开始变得混乱,加之新技术又加剧了一些矛盾……我们注定要更强烈地感受到危机并且要长时间面对这样的世界。回想我们也经历了改革开放发展的黄金40年,这是历史上最辉煌的经济发展时段之一,也是思潮最为涌动的时期之一。最近的情形,使我相信这几十年从上而下的经济政治的进步,各种思考和论争,对人类的重要性可能都不如战争中一个小小的核弹发射器,世界的真实似乎都不重要了。然而,另一方面,人类对物质的欲望在网络时代被更夸大地刺激着,陀思妥耶夫斯基的大法官之问甚至可能成为这个时代多余的思考,各种因素使得年轻人不愿把人文学科作为一种重要的人生职业选择,这令我们部分从业者感到失落。但在我看来,其实人文学科的发展或衰退如同经济危机和高速发展一样,它总是一个阶段性的现象,不必过分夸大。我坚信人文学科还是能够继续发展,每一代年轻人也不会抛弃对生命意义的反思。我们对新一代有多不满,我们也就能从年轻人身上看到多大的希望,这些希望就是我们不停地阅读、反思、教授的动力。我想,这也是我们还能坚持做一个思想文化类的译丛,并且得到福建教育出版社大力支持的原因。

八闽之地，人杰地灵，尤其是近代以来，为中华文化接续和创新做出了重要的贡献。严复先生顺应时代所需，积极投身教育和文化翻译工作，试图引进足以改革积弊日久的传统文化的新基因，以西学震荡国人的认知，虽略显激进，但严复先生确实足以成为当时先进启蒙文化的代表。而当今时代，文化发展之快，时代精神变革之大，并不啻于百年前。随着经济和政治竞争的激烈，更多本应自觉发展的文化因素，也被裹挟进一个个思想的战场，而发展好本国文化的最好途径，依然不是闭关锁国，而是更积极地去了解世界和引进新思想，通过同情的理解和理性的批判，获得我们自己的文化发展资源，参与时代的全面进步。这可以看作是严复、林纾等先贤们开放的文化精神的延续，也是我们国家改革开放精神的发展。作为一家长期专业从事教育图书出版的机构，福建教育出版社的坚持，就是出版人眼中更宽广的精神时空，更真实的现实和更深远的人类意义的结合，我们希望这种一致的理想能够推动书系的工作继续下去，这个小小的书系能为我们的文化发展做出微小的贡献。

这个书系产生于不同学科、不同学术背景的同道对一些问题的争论，我们认为可以把自己的研究领域中前沿而有趣的东西先翻译过来，用作品说话，而不流于散漫的口舌之争，以引导更深的探索。书系定位为较为专业和自由的翻译平台，我们希望在此基础之上建立一个学术研究和交流的平台。在书目的编选上亦体现了这种自由和专业性结合的特点。最初的译者大多都是在欧洲攻读博士学位的新人，从自己研究擅长的领域开始，虽然也会有各种问题，但也带来了颇多新鲜有趣的研究，可以给我们更多不同的思路，带来思想上的冲击。随着大家研究的深入，这个书系将会带来更加优秀的原著和研究作品。我们坚信人文精神不会消亡，甚至根本不会消退，在我们每一本书里都能感到作者、译者、编者的热情，也看到了我们的共同成长，我们依然会坚持这些理想，继续前进。

刘铭

于扬州大学荷花池校区

目 录

中文版序言 / 001
背景 / 006

第一章 人性、形而上学与书写 / 019

书写的问题 / 021
原书写 / 027
"在场"的形而上学 / 032
逻各斯中心主义 / 039
语音中心主义和声音的争吵 / 044

第二章 文字学与普通语言学 / 055

索绪尔：符号与语言学的价值 / 057
文字学的"字符" / 072
"符号"概念的批评 / 074
对符号任意性的批评 / 078
对能指的线性特征的批评 / 091

第三章 书写哲学与言语行为 / 101

书写、引用和重复 / 103

对丢失的语境的追寻 / 110

书写的述行性 / 117

书写和言外行为 / 124

第四章 对文本的阐释 / 133

理性解药和毒药 / 135

不可确定性 / 140

论证 / 150

文学作为解构的试金石 / 170

结论 书写中的哀悼与残存 / 182

死亡、幸存与踪迹 / 182

坟墓与葬礼演说 / 187

生命之爱与生物们 / 191

文本概览 / 194

术语表 / 224

参考书目 / 259

作者著作表 / 273

中文版序言

我很荣幸也很高兴受邀为赵靓老师的中译本《德里达：书写的哲学》写几句话作为序言。这本译著无疑将有助于提高中国学术界对"解构"的认识。"解构"不仅在知识领域，而且在社会和政治领域也被广泛提及。在此仅举一例，现在到处都在呼吁欧洲人民"解构"他们的各种"特权"，"正视"他们的历史和哲学观点。如果说一种哲学的伟大之处在于它能穿透普通语言，那么德里达的"解构"一词就像柏拉图的"理念"、亚里士多德的"潜能"或笛卡尔的"机械论"一样，证明了它在思想史上的重要性。自从我的法文版著作出版（2018年）以来，我一直在继续阅读和研究德里达，关于他的研讨会报告陆续出版，进一步充实了其已经相当可观的作品目录。在此，我想重点谈谈近期研究的几个主题，通过这些主题，德里达的哲学在我看来为当代思想提供了新的资源和新的视角。这将是一种再次反思哲学著作的"翻译"问题的方式。

在过去几年中，我越来越清楚地认识到，德里达的哲学比他自己所认为的更加接近斯宾诺莎（我致力于研究和思考的另一位哲学家）的哲学。从这一点出发，我愿意与最普遍的观点相反，认为德里达甚至比德勒兹更像一个斯宾诺莎主义者。德里达和斯宾诺莎的共同之处在于他们与犹太教和犹太社区的复杂关系：斯宾诺莎在24岁时被驱逐出他的社区，而德里达一直认为自己是犹太教的"边缘人"，就像他与任何"社群"那样。斯宾诺莎是典型的"马拉诺"哲学家，也就是"隐藏的犹太人"，而德里达有一天在路过阿尔及尔的犹太大教堂时，宣布自己是一名"马拉诺"教徒，从而明确地将自己与斯宾诺莎相提并论。

哲学上，德里达和斯宾诺莎在几个重要问题上也很接近：他们不断批判笛卡尔，批判所有关于起源、创造和作为自由意志的自由的形而上学。正如斯宾诺莎断然拒绝构成笛卡尔哲学和道德基础的"自由意志"（libre arbitre）一样，德里达也用整部《丧钟》来驳斥索绪尔的"符号的任意性"（l'arbitraire）。两位作者都构建了一种内在性哲学（philosophie de l'immanence）：他们坚持认为，"内在"与"外在"是不可能明确区分的。德里达的"寄生"与"入侵"，以它们自己的方式，重新编织了斯宾诺莎主义"泛神论"的扭结，即"模式"与"实体"的相互内在性。这使得两位哲学家都拒绝将人作为一个独立的存在，无论这是"王国中的王国"（斯宾诺莎《伦理学》第三部分的序言），还是支持一种投机的、暴力的"人文主义"（德里达的《我所是的动物》）。

更广泛地说，两位作者都拒绝承认"生命"（vie）和"活力"（vital）的特殊性：斯宾诺莎将"生命"的规律还原为"自然"的一般规律（根据笛卡尔的"机械论"，在这一点上他是笛卡尔的继承者），从而否认"生命"或"生物"（vivants）在宇宙中有自己的位置；相反，德里达则完全将"生命"与"在场"（présence）联系起来，就像现象学家谈论"活的当下"（présent vivant）那样，从而也不区分生物学与本体论。结果都是对"死亡"问题极端的压价（minoration）：在斯宾诺莎那里，因为死亡总是一个"意外"，因此并不影响我们的本质，与我们无关；在德里达那里，"生"与"死"的区别被否定了，生与死在我们存在的每一刻都紧密相连，这意味着我们从未停止过死亡和"生存"，因此"死亡"是我们"诸生活"中最常见、最普通的事情。由于斯宾诺莎的"实体"取之不尽、用之不竭的特性（这意味着所有可能的物质组合都必然会实现，而且会实现无数次），以及德里达的普遍"可替代性"（借此，德里达与斯宾诺莎一样，否认"起源"的可能性，因为万事万物的前身总是自身的踪迹），两位作家还共享一种永恒回归的宇宙观，而尼采在此提供了联系。

两位作者的共同之处在于，他们将哲学视为博学的诠释学，而非"白板"（tabula rasa，斯宾诺莎反对笛卡尔的地方）或"概念的创造"（德里达反对德勒兹的地方）。他们的共同之处还在于，拒绝将哲学变成一个"世界的图像"：在斯宾诺莎那里，是通过"平行论"的概念，或思想与广义世界的独立性；在德里达那里，是通过解构一般哲学和现象学的"现实主义"幻想（正如我们在《声音与现象》的最后几行中所看到的）。这种拒绝，导致这两位哲学家在哲学上更倾向于耳朵／理解／音乐、口述的句子、话语和线性演示的模式，而不是视觉（从柏拉图到萨特的形而上学的标准模式）、直觉、理论、观念、图像和绘画的模式。

斯宾诺莎哲学和德里达哲学之间的这种深层结构性联系，常常使一方受到另一方的启发（就像文本和译文可以相互启发一样），使我在多年的研究和思考之后理解了，为什么我会受到这两位思想家的吸引：斯宾诺莎是几何学和系统论的"合理性"（rationalité）的典范，而德里达则从未停止过"解构"这同样的几何学的和论证的合理性。但德里达远比一般人想象的更"古典"、更富于论证性，而斯宾诺莎则对"荒诞"和"混沌"比一般人认为的更敏感。

如果德里达的哲学可以（也应该）被定性为"书写的哲学"，就像我在本书中所做的那样，那么它就很自然地引向了"普通语言哲学"，而这正是我的近作《普通语言哲学研究24则》（*Vingt-quatre études de philosophie du langage ordinaire*, Limoges: Lambert Lucas, 2022）的主题。德里达在其中占有非常重要的地位，这不仅因为他曾与"普通语言哲学"的伟大倡导者们（约翰·奥斯汀、约翰·塞尔、斯坦利·卡维尔）进行过讨论，有时甚至是论战，还因为他是属于音乐大师的哲学家之一。女神在苏格拉底被处死的那一天，要求他把音乐当作"最高的哲学"来练习（《斐多篇》，60e-61a）。从这个意义上来说，哲学的翻译相当于对一部音乐作品的诠释。就像音乐一样，哲学的存在离不开诠释……我祝愿《德里达：书写的哲学》中译本发行取得圆满成功。

夏尔·拉蒙
2024年5月于巴黎

背 景

关于雅克·德里达的生平及其哲学成长的背景,由本努瓦·皮特斯(Benoit Peeters)撰写的里程碑式的传记几乎集中了我们今天能找到的所有材料。[①]人们从中可以发现相当多的照片,如同在杰弗里·本尼顿(Geoffrey Bennington)更早些时候出的传记一样。[②]但是,尽管这些书资料丰富,还是远远没有向我们提供关于德里达的全部潜在生平资料。德里达的全部通信内容集中于几千封信件中,这是现存人们知道的私人信件。然而我估计,还有相当一部分的重要信件被毁,德里达的母亲也毁了不少德里达写给她的信(三十多年里几乎每周两封)。德里达自己也宣称,在1960—1970年焚烧了非常多"世上最美的书信"。他有非常多男女朋友和通信人,他不停地写信。如果信件构成一个人人生的档案,那么德里达似乎用写作的洪流淹没了他的传记作者们。

德里达已出版的作品同样特别丰富,产生了巨大的社会效应。德里达1930年生于阿尔及利亚附近的厄尔比亚尔(靠近阿尔及尔),2004年死于巴黎,出版了80多部著作,有些特别厚

[①] 巴黎:弗拉马里翁出版社,2010年。原文信息如下:Paris:Flammarion, 2010.
[②] 巴黎:瑟依出版社,2008年。原文信息如下:Paris: Seuil,2008.

重艰涩。他的研讨班文集，也就是在不同机构（主要是法国高等社会科学院）的授课内容，仍在陆续出版，有20多卷。所有的这些作品都在被翻译，或者已经翻译成数种语言。最后，如果我们算上那些会议、演讲，以及全世界献给他的作品。在这个视角下，他的"人生"和"作品"之间呈现出一种和谐。德里达的"书写哲学"（philosophie de l'écriture）首先是一种练习，或者说大规模的写作生产。最打动人的特征是其中的规律性和持久性。作为一个广为人知和应酬极多的哲学家，德里达几乎每天早晨都要写作几个小时，一般从6点到9点，然后才"结束属于他的一天"，外出参加演讲、授课、指导学术机构的活动，还有参加朋友、学生的聚会，以及无数的致敬活动，他当然没忘了他的家庭，这在德里达眼里总是非常重要的。要知道德里达的这些学术活动，通常用写好的稿子，他很少即兴发言。

德里达的家族自19世纪就在阿尔及利亚安家了，作为犹太人，他们直到1875年才入法籍。而且在二战维希政府时期再次失去了法籍。所有写德里达事迹的传记作家都同意这个事实（他自己也坚持），即这些难以稳固的归属性在很大程度上构成了德里达看待事物的方式和许多概念。他从来没觉得自己完全是个犹太人或法国人，或感到自己是个犹太人或者法国人。1940年他十岁了。在从来没有被占领过的阿尔及利亚，人们从没见过一个德国军人，当局却坚持一种强烈的贝当主义（维希政府)。[1]在学校里，国旗在早上由班里的第一名升起，犹太人除外，因此在国旗面前，德里达应该把他的位置让给班里的第二名。他的兄弟和姊妹都被赶出学校。1941年，德里达在靠近厄尔比亚尔的本·阿克努（Ben Aknoun）高中上了六年级。1942年开学时，他被赶出了高中，遣送回家，当时的他懵懂不知这是为了什么。在著作《明信片》（第97页）里他谈及了此事。这种类型的反犹措施即使是在德国占领期间在法国本土也是没有的。

尽管出于谨慎或其他原因，德里达宣称，这个阶段他和学校与大学的边缘关系不能通过这种基本的排斥来加以解释，实际上他的潜台词恰恰相反，要知道本·阿克努高中的这次驱逐在他身上埋下了对法国政府以及学校机构的不信任的种子。事实上，作为一个聪明的著名作者，德里达的学习生涯是出人意料的。他两次失利于巴黎高师（位于勒姆路）的入学考试，第三次才考上，一次失利于大中学哲学教师资格会考。德里达从来没有得到法国大学体制内的百分百认可，尽管这难以置信，却是千真万确的。实际上，即使他在全世界被阅读、评论和翻译，被美国最著名的大学（以耶鲁大学为首）请去定期授课，德里达却从来没有进入"大学教授"的行列。1959年，索邦大

---

[1] 维希法国政府指二战期间在德国攻占法国后由德国占领军扶持组建的傀儡政府，支持反犹主义和纳粹主义。它由一战英雄亨利·菲利普·贝当担任元首，因设立在小城维希而得名。其合法性一直受到流亡在外的戴高乐将军和抵抗运动的挑战，1945年垮台。——译者注

学的一个助教岗位在最后一刻由于一些复杂的行政原因被取消了，为此他深受影响。1960年，当德里达在法国西北部勒芒市高中教文科预科一年级时，尽管当时有热拉尔·热奈特（Gérard Genette）的陪伴，①但他仍有很长一段时间陷入了抑郁。最终在当年，德里达获得了索邦的"一般哲学"讲师岗位，在那里成功教授了4年课程。这是他唯一的真正的大学岗位。然后从1964年到1984年的20年间，他在巴黎高师担任大中学教师资格会考的辅导教师，是路易·阿尔都塞和贝尔纳·坡特拉（Bernard Pautrat）的同事。1980年，德里达有可能接任保罗·利科在南特大学的教授席位，但是随着抗议活动一直升级到教育部层面，这个时机最终彻底流产。此后德里达再也没有得到过这样的机会。11年后，尽管有皮埃尔·布尔迪厄的支持，德里达还是没有获得法兰西学院教授的讲席职位。在此期间，1984年他被选为高等社会科学研究院的研究主任和国际哲学学院的院长。国际哲学学院由1981年掌权的左翼党派创立，它标志着某种承认，但也只在某种特定框架下补偿了法国高校对德里达的几近"敌意"。

德里达的学术地位在他一生中是充满矛盾的。他获得了某些舒适条件或优待，但是也同样助长了他后来从其工作重要性

---

① 热拉尔·热奈特（Gérard Genette，1930—2018），法国知名文学理论家，在叙事学、修辞学和比较诗学领域有创造性建树。他是德里达在高师的同学，毕业后又在勒芒一起教书。——译者注

德里达：书写的哲学
Derrida. Une Philosophie de L'Écriture

来看合法的主张。"这个国度没有先知"的口号对他来说是最合适的。他激起了人们对一个哲学家难以想象的热情：在国外演讲时，几乎场场爆满，人们挣抢着涌入会场，几个小时地倾听他的演讲，而他并不会被那些听众们的热情打断。有一次在印度孟买，人群塞满了体育场，德里达在那里举行签售仪式，当书卖空后，他就像一个超级巨星或者足球运动员那样，被人们要求在各种东西上签名：衣服、球、支票等。只有在这个时候，对他来说，才是唯一平息他抛头露面的欲望和与公众接触的欲望的契机，把自己丢进"签名"形式下的"踪迹"之中……很多高校授予德里达名誉学位（包括剑桥大学，这不是没有出现争议）。但是在法国，就在他高师的课上（我亲眼目睹），他被怀疑、打扰，成了某些阴谋诡计的受害者。有些高师学生就在他的课堂上，在他的面前散发传单，里面宣布他是江湖骗子和伪君子。他用一种迷迷瞪瞪的神情，等到传单散发完毕重新开始上课，就像什么事都没有发生一样。然而，德里达在他的一生中，曾经是"瑟里西三卷本"（décades de Cerisy）的研究对象和中心，[①]包括1980年的《人的终结》（*Les Fins de l'Homme*）、1997年的《自传性动物》（*L'Animal Autobiographique*）、2002年的《未来的民主》（*La Démocratie à Venir*）。这就是德里达的著作

[①] 自20世纪80年代开始，菲利普·拉库-拉巴特（Philippe Lacoue-Labarthe）和让-吕克·南希（Jean-Luc Nancy）、德里达、利奥塔等在法国北部小城瑟里西-拉萨尔定期举办专题座谈会和十日讨论会。其中有三次精心策划的讨论会发言稿被伽利利出版社结集出版，通称为"瑟里西三卷本"（décades de Cerisy）。——译者注

获得普遍认可最有利的证据（相比较于以下情况：在生前已经被收入"七星文库"丛书，或者数次获得"龚古尔文学奖"）。①但是，瑟里西的会议活动尽管接待了众多大学学者，却不是学术或科学的平台。他们有一个友好甚至世界化的胸怀，资助机构不仅仅是那些研究机构。所以，即使在这些承认的特殊标记中，即使他们总是受到机构内部关于哲学教育问题的吸引〔巨著《哲学的权利》（*Du Droit à La Philosophie*）见证了这一点，该著作收录了20世纪90年代他在这个领域的众多访谈录〕，但德里达仍是处于一般机构或体制的边缘。

1952年德里达"融入"巴黎高师，在那里结识了罗伯特·阿比拉切德（Robert Abirached）、皮埃尔·布尔迪尔、米歇尔·德吉（Michel Deguy）、皮埃尔·诺拉（Pierre Nora）、让-克劳德·帕里安特（Jean-Claude Pariente）、让-玛丽·蓬特维雅（Jean-Marie Pontevia）、米歇尔·瑟瑞斯（Michel Deguy）等。1953—1954年他去鲁汶查阅胡塞尔档案，撰写了关于《胡塞尔哲学中的起源问题》的高等研究论文（1990年在法国高校出版社出版），并且由于去听福柯的课，和大他四岁的福柯结下了友谊。1956年7月，德里达获得了大中学教师资格证。之后作为"特别助教"，和他同窗好友米歇尔·奥古图利耶的姐姐玛格丽

---

① "七星文库"丛书是由法国伽利玛出版社1931年创办的著名书系，最初专出法国古典作家的作品全集，20世纪60年代扩展到哲学、宗教和外国古典文学作品。它采用圣经纸和皮质封面，体量袖珍，基于名声、编辑质量和作家的辨识度，构成了法国出版界的标杆。对作家而言，作品被收入就意味着极高的肯定，而生前获此殊荣的作家寥寥可数。——译者注

特·奥古图利耶（Marguerite Aucouturier）去了哈佛大学。这时他开始翻译和介绍胡塞尔的《几何学起源》，并将其作为博士论文的补充部分。1957年6月两人在波士顿结婚，这时他们还没有回法国，婚礼也就没有家庭成员的参与。他们的关系并不被双方家庭看好的原因很多。但是当时结婚是唯一让两人在一起的办法，因为德里达必须去阿尔及利亚服两年兵役，即1957—1959年在一个小城市克雷阿（Koléa）里当小学教员，当时法国人和阿尔及利亚人之间的关系不断恶化。他们有两个儿子：皮埃尔生于1963年，让生于1967年。尽管德里达有一些情人，还和一位名叫希尔维亚·阿加辛斯基（Sylviane Agacinski）的女子有一个儿子，但是夫妻两人从未分离。他这个婚外子丹尼尔（Daniel）生于1984年，1986年由妻子建议，得到德里达的承认。此后还是由阿加辛斯基及其未来的丈夫利奥奈尔·若斯潘（Lionel Jospin）抚养成人。德里达一直隐藏着这个孩子的存在，即使是在2002年若斯潘参加总统竞选活动时，他也拒绝透露。这导致孩子的父与母之间的关系完全破裂。

20世纪60年代，德里达的名声大噪。他不断举行演讲，在著名期刊上发文，并与《原样》杂志主编菲利普·索莱尔斯结下友谊（1972年关系破裂）。受到勒内·基拉尔的邀请，1966年他参加了美国巴尔的摩的约翰·霍普金斯大学的一个著名会议，该会议拉开了在美国宣扬"法国理论"（French theory）的序幕。德里达一生中总是去美国大学授课和演讲，为此留下了丰富的档案。参加这次大会的还有罗兰·巴特、让·伊波利特、让-皮埃尔·维尔南、卢西安·戈德曼、乔治·布莱、拉康等。在此德里达拉起了解构的大旗,发表了著名的演讲《在人文科学话语中的解构、符号和游戏》。此后德里达的人生发生颠覆,1967—1968年他开始变成了公众人物,不但接连出版了几部重要作品,如《书写与差异》《论文字学》,而且发表了论"延异"的演讲。这使他变成了20世纪末最重要的哲学家之一。然而,2004年10月9日德里达因胰腺癌死去后,法国没有像人们期待的那样为他举行国家葬礼。虽然德里达去世的消息不胫而走,但并没有引起公众和媒体的共鸣。毫无疑问,这是因为无论从哪一点看,德里达都从来没有接受那些人们为之捍卫的相反立场。

德里达的哲学被冠以解构之名,是因为其不断质疑立场和背景。对他来说没有唯一的背景,也没有优先性的背景,而总是有更多的背景。在解释或理解一个作者或思想时人们不可预设哪个背景更重要。社会环境、历史事件、家庭环境、朋友等,以及所有无意识、精神分析学、宗教等揭示的东西,所有触及制度或实体(博物馆、大学、出版社等)的结构的东西,全部这些背景都成了一个无限嵌入的盒子、盒子的盒子,没有一个暂时或总是能带给他对某个对象的启示。所有找到确指或者关键词的哲学方法总是让德里达失望。但是他不是怀疑论者。对每一个问题他总是不停地质询,以找出只属于某个给定时刻的回答或态度，而这个回答或态度在另一个时刻或者背景中总是不同的。如此战术总是要花不少时间，占据不少篇幅。有时候像民主党人，有时候像共和党人，有时候像保守派，有时候什么都不是。比如他谈到"社区主义"时说道：

必须思考某一态度最可能精细的背景，不让位于相对主义。我不是认可简单和纯粹的社区主义的信徒。但在某些环境下，必须每一次以特别的方式来做分析，在急促的人眼里，我可能被带入到那些我本反对的立场中去：或者相对主义，或者社区主义。（德里达，《明天会怎样？》，第48页）

关于亵渎的自由，或者政治性的正确，德里达说道：

在这个领域和其他领域一样，唯一的回答总是经济的：涉及到某个观点，总是有一个措施，一种最值得的措施。我不愿意禁止一切，但是我不愿意什么都不禁止。然而我不能剥除或根除动物面对的暴力，不公正、种族主义或反犹主义，但是在某些我不能根除它们的背景下，我不愿意任由它们野蛮发展。因此，根据历史环境，必须找到一个最不坏的办法。（德里达，《明天会怎样？》，第126—127页）

最后关于"独立主义":

根据处境,我时而反对独立主义者,时而是独立主义者——我在此争取独立主义者的权力,在那则相反。人们不能让我像按一个原始机器按钮那样回答这个问题。很多时候我支持国家逻辑,但是我会审视每一次处境来发声。不做无条件的独立主义者,做某种条件下的独立主义者,我们就是在质疑权威的原则。解构从此开始。(德里达,《明天会怎样?》,第152页)

德里达知道,他总是让斗士们失望。在人们谈论人的"本质"的意义上,其哲学的主线总是"归属"(appartenance)或者"所有权"(propriété)的概念。[①]书写的哲学是一种对归属的解构。正如同以下现象:德里达总是处于法国的边缘(既是最优秀的法国人,凭借他精细和富有创造性的修辞术,以及吸引人的方式,同时也是阿尔及利亚人、欧洲人、美国人、世界公民等);他总是处于大学体制的边缘;他总是处于母语的边缘,"我只有一种语言,它不是我的",他既是法语的纯粹主义者,又会拉丁语、希腊语,也能用英语和德语表达,还会把这些语言复杂地混合起来使用;他也总是处于犹太性的边缘,拒绝归

---

① 参考附录"文本概览"第20则文本:《新的解构人文学》;第22则文本:《"我"是人的本质吗?》。

属于一个犹太族群或者犹太人民,尽管他的整个哲学,在某种方式上都不过是在讨论这一点。德里达终其一生都在谋划写作一本关于割礼的巨著,并积累了相当多的笔记,但并未真正下笔。但是这个割礼的主题呈现在他的文本里,以一种"围绕……转动"的隐秘形式进行着。

例如,我在这笔记本的第一页记下:割礼。我从来都是在谈它,请您思考那些关于局限、边缘、标记、步骤等的话语,围墙、羔羊(联盟和礼物)、祭祀、身体的书写、被排除或删除的药、丧钟(Glas)的切割或缝纫、撞击、缝补。从中,假设这是关于它——割礼的,在不知情的情况下,通过从不谈论或者顺便谈论到,就像一个例子,我总是在谈论或者让自己谈论的,除非是其他假设,否则就是割礼本身,只是我谈论的一个例子。[1]

正如斯宾诺莎一样,加上其他更深层次的原因,德里达经常像17世纪被迫改信天主教而暗地里仍然信奉犹太教的西班牙或葡萄牙犹太人那样。在2001年纽约的"9·11"事件后,他也成为来自犹太社区的恶意争论的靶子,因为他希望看清楚藏在这些集体谋杀下的动机、目的和利益,而不是立即明确和判定

---

[1] 德里达:《环告录》,第70—71页。原文信息如下:*Circonfession*, pp.70-71.

那些杀人犯。德里达从不停息地严厉揭露所有暴力，无论是针对人还是动物的，他是人们中最温柔最谦恭的，却被怀疑对袭击美国的恐怖分子报以宽恕态度。相反，人们接着责备他那些论"无条件的敌意"的文章，判断他是不负责任的，就好像德里达必须"无条件地"接受所有的斗士一样。人类权利的辩护者们很难支持德里达对"人类主义的权利"的批评，而这种权利会造成我们施加在动物身上以维持生存的残忍行为。当然，当涉及捍卫整个自然的被压迫者时，德里达曾是"人类权利"的信徒。马克思主义者们也总是无法赞同德里达从幽灵角度对马克思的解读，然而德里达在那里宣称自己是马克思最忠实的信徒，因为这是一种批评的哲学。总之，德里达从不停息地追寻着，像那些经典哲学家们一样，论证得来的真理，从来没有被某一集团招募，这毫无疑问会激起许多不解、失望乃至怨恨（无论基于爱或者相反）。这种有点特殊的处境肯定要部分地归因于其哲学和写作中的音乐性本质，即不可能对一首诗或一曲交响乐采取一种整体视角。你可以一个音符接着一个音符地演奏或背诵，却无法事先预知那将来的事物。书写的哲学不停地设置这种时间性、这种目光、这种思想的慢镜头，尽可能地区分直觉理解的时刻，在此思想中凝结为各种立场。

德里达去世快14年了，妒忌和误解也逐渐平息。德里达逐渐在法国占据他早在全世界就拥有的地位：一个富有原创性的睿智哲学家，在思想史中导入了一个新角度（书写），这允许我们来重建思想史,推动思想史。从此他深入到当代哲学的方方面面(语言、与文学的关系、伦理学、权利理论、责任、民主,还有美学、精神分析学、人类学和一般社会科学),而当代哲学没有夸耀他的哲学,或者说,没有以某种方式来感激他。

第一章
人性、形而上学与书写

书写的问题

人与书写有一种基本关系，因为书写经常允许我们区分"历史"和"前历史"。即使我们文明的主要奠基者苏格拉底和耶稣并没有书写什么，他们的话语却被记载下来，在柏拉图的哲学里，在所有的西方哲学里；或者在福音书里，我们称之为《圣经》(Saintes Écriture)的"神圣书写"里，或者在简单的"书写"(l'Écriture)里。德里达的新颖之处在于首次将这种书写的问题置于哲学的中心。回想起来人们会惊奇于这个问题并不新鲜，这个问题是多么重要，然而德里达就这样提出来了。20世纪勒内·基拉尔提出的"模拟欲望"问题也同样如此。然而早在人类之初就有了模拟欲望，并且十分强烈。

《论文字学》的前几页预示了德里达哲学带来的首次惊奇。一方面，在日常意义上的书写（我们在书籍、信件和报纸上所发现、阅读和使用的东西）是最常被批评的、误解的、被抛弃的，哲学家们更受到真理或智慧的吸引。文化奠基者们都不书写，这似乎意味着书写不是一件多么值得做的事情。比如，德里达在《海德格尔与问题》一书中指出，[1]海德格尔认为苏格拉底是西方最伟大的思想，这是因为他什么也没有写。另一方面，

---

[1] 《海德格尔与问题》，第203页。原文信息如下：*Heidegger et La Question*, p.203.

德里达：书写的哲学
Derrida. Une Philosophie de L'Écriture

人们在许多哲学家和知识分子那里，从柏拉图到索绪尔甚至卢梭都强烈地抨击书写。在柏拉图的《斐德罗篇》里有最富有特征的一段话，当时埃及王萨姆斯拒绝古神塞乌斯并在平民中传播文字（即书写），因为他判定这会带来更多的恶而不是善：

> 不过说到文字的时候，塞乌斯说："大王，这种学问可以使埃及人更加聪明，能改善他们的记忆力。我找到了药方，[①]使他们博闻强记。"但是，国王萨姆斯回答说："多才多艺的塞乌斯，能发明技艺的是一个人，能权衡使用这种技艺有什么利弊的是另一个人。现在你是文字的父亲，由于溺爱儿子的缘故，你把它的功用完全弄反了！如果有人学了这种技艺，就会在他们的灵魂中播下遗忘，因为他们这样就会依赖写下来的东西，不再去努力记忆。我们不再用心回忆，而是借助外在的符号来回想。所以你发明的这帖药，只能起提醒的作用，不能医治健忘。至于知识，不过是你给学生们提供的表象，不是真正的智慧。因此，归功于您，他们借助于文字的帮助，好像可以无师自通地知道许多事情，但在大部分情况下，他们实际上一无所知，而且，这些人会给他们的同胞带来麻烦，因为他们并不是饱学之士，而是冒牌货。"[②]

[①] 兴奋剂（dopant）的希腊语词源为 "pharmakon"，译作 "药方" 或者 "毒药"。——译者注
[②] 参考柏拉图《斐德罗篇》的法语译本（Luc Brisson, Paris: GF）.[这位法国译者用 "dopant" 而不是 "remède" 来翻译 "pharmakon"；因此人们也可以用 "prothèse"（补形术）、"adjuvant"（佐药）、"ersatz"（代用品）来翻译：这些都是替代品。]

第一章 人性、形而上学与书写

德里达曾被这段引文深深打动，并把它引进著作《柏拉图的药》中。他对《斐德罗篇》的特别评论，总是被很多版本的《柏拉图对话集》吸收，作为附录。背景（context）和场景（scène）这两个词在他看来是有意味的。埃及王抛弃了表面上善，实际有害的书写。埃及是传统和古老文明的形象，（在柏拉图的眼里，接近于人性的神秘起源，在这里古人认识到了如今已经丢失了的最初真理）埃及王们几乎是"神"。因此，这个场景暗自显示了"书写"与全部"神圣的""父性的""皇家的""太阳的"（既然伟大的埃及神们都是太阳的）机制之间的不可相容性。呈现（且被抛弃）的书写，就像一个"pharmakon"，一个几乎难以翻译成法语的希腊语词，有时候它意味着"解药"，有时候又意味着"毒药"。此外，德里达严厉责备《柏拉图对话集》的早期翻译者们没有注明这一点，使得法语版本令人费解。在这个远古场景中，书写被抛弃，就像模棱两可的、具有欺骗性的技术那样。书写宣称有利于记忆，实际上它削弱了记忆。它是一个死亡的记忆（今天在我们的电脑里可以重新找到这类对立），相比于一段鲜活的记忆，我们用心理解的东西，或者人们确实记着了，而不仅仅是在我们自带的"一本书里"。从"掉书袋的知识分子"的贬义表达中就体现出来了，它专指那些没有书就不再智慧的人。因此这些人只是表面的知识分子，就像埃及王在他的宣言结尾说的那样。

德里达：书写的哲学
Derrida. Une Philosophie de L'Écriture

自从书写成为问题后，埃及王对书写的抛弃泛起的反响回荡在全部哲学史之中。书写宣称散播和记载鲜活的话语，实际上它在死亡一边。书籍暗哑，就像尸体从不会回答人们提出的问题。延伸开来就像公共场所里的小流氓，任由自己被娼妓们戏弄。图书馆就像是巨大的墓场，在那里人们摆满了长方形满是灰尘的东西——书籍就是坟墓，而文本就是尸体或残留物。不管与个别、鲜活、热情的话语的所有差异，书写宣称自己也能具备这些特点。因此它的意图是不合法的。这是一种埃及王很不喜欢的篡权。书写就像是话语的寄生虫，滋养自己的同时又污染了话语。除了寄生虫、污染、篡权之外，还有困惑和尴尬。书写也威胁着"清晰"和"明了"，它自己就是对哲学或思想的一种威胁，后者们总是在寻求定义、区分、纯净等。人们很能理解为什么苏格拉底不书写。这种对书写的典型批判态度（死亡的、暗哑的、篡权的、寄生虫般的等）数世纪以来存在于所有批评写作的作者那里，比如卢梭和索绪尔。德里达从他的第一批书（尤其是《论文字学》）开始，就指出了这一态度历时的一致性和持久性，把它作为准备发展的书写哲学的关键词。

然而，德里达的惊奇还来自一个事实，从另一方面来看，最不信任书写的大哲学家们，在他们贬值书写的同时，却悖论地在另一个意义上增值了"书写"，也就是人们可以在原初的近似上"隐喻地"说话（即使它证实：本义和隐喻之间的区分乃是一种书写哲学所质疑的部分前提）。这基本涉及作为上帝"书写的书"的本质的描述，或者描述或自然或神圣的"登入"的所有参考，通过这些"登入"，先于一切习得和一切文化的古老道德，真理被镌刻在每个人的心灵中。德里达在《论文字学》的第28页和随后的页码里给出了一系列的例子。对伽利略来说，自然曾是"用数学语言书写的"[《试金者》(Saggiatore)，1623]。笛卡尔想在世界的伟大之书中寻找科学。休谟认为，"自然之书"包含着"伟大和难以解释的谜语"。德里达指出，斯宾诺莎在《神学政治论》中宣称"神的话语、永恒契约和真正的宗教被神注入到人的心灵之中，也就是在人的精神之中"。"这就是神真正署名的真正文本，是他的观念，就是他的神性形象"，而不是什么"白纸黑字"。这种神在自然或意识、人类心灵或精神中指出自身存在的观念，在卢梭那里也是基本的，为此德里达使用了最大篇幅在《论文字学》中加以阐述。德里达列举了卢梭的好几个段落，以说明人类书籍的"坏"书写和神的"好"书写之间的悖论性对立是特别清晰可见的。

福音书是所有书籍中最神圣的，但是它也是一本书。在几页纸张中寻找上帝之法是徒劳的，它更愿意去写在人心之中。（卢梭致雅各布·维内的信，1758年3月）

如果说自然法只是由人的理性来书写的，那它很难指导我们大多数人行动。但是它仍然以不可磨灭的方式镌刻在人们的

心中。是它在向人们呼喊。①（卢梭，《战争法原理》，1755年）

我越回到自身，越自我探寻，越在我的心灵里读到这些写过的字：保持公正，你就会幸福。我没有从高级哲学中提取任何原则，但是我在被自然以无法磨灭的方式书写在我的心灵深处发现了它们。（卢梭，《爱弥尔》）

人们说在我们的眼中自然显示了它的全部意义，以提供给它教育我们的文本。因此，我观赏了所有的书。只有一本还对所有眼睛开启，那就是自然之书。在这本伟大和崇高的书中我学会了服务和崇拜它的作者。（卢梭，《爱弥尔》）

对这些数世纪以来令人惊奇的悖论——其意在于支持和增值一种自然或神圣的书写，贬低人类人工的书写——的意识，最可能是德里达全部哲学的源泉。一方面，他指出，人们为通常意义上的书写的人工性、第二性、滞后性，以及为书写试图占有话语或鲜活思想的地位这些特性感到惋惜。另一方面，毫无疑问，人们假定一种原始的书写，从一开始就镌刻在自然或人心之中，这一点和前面一点同样真实。对所有牵涉进来的人而言，包括我们最伟大的哲学家乃至当代作家，这个矛盾的双

---

① 《战争法原理》（*Principes du Droit de la Guerre*），卢梭手稿，写于1755—1756年，集中论述了关于战争与和平的观点，直到1920年代才被发现和出版。——译者注

重对决加深了一个无情的陷阱。书写，作为哲学和文学的工具和中介，也是那些不可解决的概念的重叠之处。实际上它总是既原创又复制、既神性又人性、既合法又篡权、既鲜活又死亡、既真实又欺骗，它摧毁了所有思想的最初的野心——建立"区分""隔离"，或者清晰的"定义"等。因此，德里达的"解构"并不是一种从外部"摧毁"我们认为是虚假的或错误的哲学的批判，相反，它强调了大量哲学发现自己所处的困惑、僵局和矛盾，因为它们未能解决或只是瞥见了，这个书写的悖论维度，也就是制作它们的材料或结构。这一悖论令人恐怖的黑色层面，曾经由卡夫卡在短篇小说《在流放地》中描述出来。在这篇小说里，法律条文被刻在犯法的罪犯身上，这个文身越来越深，直到变成致死的伤痕，让人看到了两种书写重叠的幻想的力量及其实现的不可能性。

原书写

为了走出存在于一个自然的、不可磨灭的、真实的、原初的"好"书写和人工的、富有欺骗性的"坏"书写之间的对立，只有两种解决办法。我们可以像大多数传统哲学家那样，试图分离和区分这两种书写形式。但是我们永远不能达成目标。实际上，一方面，不可能知道哪种书写可以作为另一种书写的模范。最可能的是"坏"书写，我们每天都在使用的这种，成为

"好"书写的模范。(如果我们从不认识或实践一种原初意义上的书写、图书或记录,那么我们事实上没有认识到为什么人们能够把自然场景和道德意识叫作"书籍""记录""书写"。)但是,使"坏"书写成为原创的,"好"书写成为复制品,这是明确地封闭在悖论性之中了。因为一方面,"坏"书写的特殊性在于它是话语或思想的"复制"或者"模仿",另一方面,原初物以复制品为模范的关系总是一种降级的关系。"坏"书写曾是"好"书写的模范,这一点似乎是荒谬的。如果不同于常理,我们绝对地支持"好"书写是"坏"书写的模范,那必须设想一种时间性,在此过程中"好"书写降级为"坏"书写。这样的时间性就叫作"没落"。"没落"常出现在对原初意义上的书写的批评话语之中。因为何种原因,"好"书写被降级为"坏"书写?这种理由不能来自"好"书写自身,因为人们通过定义假定了"好"书写,因此它来自外部。于是我们假定在人类历史的长河中,由环境的改变直至地球自转轴的改变(卢梭如此处理)来解释这种降级。但是这些解释仍然是不够的。就像这些解释没有触及书写的本质那样,我们实际上不容易看到抵达人性的那些事故是如何能够产生一个"坏"书写的。再者,这些事故被定义为外在的和偶然的,我们能够设想在一些情形下,原初的书写不会被降级,一直保留在"好"书写的水平上。但是我们没法在任何地方看到这一点:到处都是被看作人工的、可擦拭的、第二性的、欺骗性的、饱含着谎言的常用书写。在所有这些原因中,我们还要加上最普遍性意义上的、来自模仿本质的论据。如果我们以一种书写模仿了另一种,那非常可疑的是,模仿品倒是更为完美和成功,那么某一天如何区分它们?那值得模仿的事物,不是由于泄露了它和复制品的相似性而自我完结了吗?尽力模仿原创物,通过复制模仿它的原创本质而完成,回溯性地揭示原创物是结构性的复制品。也就是说,没有原创物,就像我们在某些艺术中看到的那样,比如电影,在其中"原创"和"复制"的区分并不中肯。

降级或清晰区分的道路被证实是行不通的,德里达借助了另一条可能的道路:"原书写"(l'archi-écriture)的道路。这个"原初书写"(écriture originaire)的观念,乍一看奇怪甚至荒谬,首先是德里达用来解决书写悖论的工具,以在交流和意指理论中建立一种完全的一致协调性。我们本能地认识到,书写作为口语的中转站,作为话语在时间和空间里的延伸。但是这促使我们有意或无意地提出交流的两个对立阶段。在第一阶段,交流被带回到口语那里,呈现为口语的起源和真理。继而,在第二阶段,当空间或时间的距离过大时,书写成了口语的中转站。但是书写是冰冷僵死的,而话语是热情鲜活的,书写不回应,而话语回应我们,书写创造虚假的知识和记忆,因为它是外在的,相对于真实的知识和记忆,后者是内在的。处在这个分歧点上的两者,如何能使第二个事物作为第一个事物的中转站或者替代?"原书写"的概念解决了这些对立和矛盾。"原书写"

是德里达认为完全原初的命题，它否认了交流中存在两个不同阶段，其中一个合法和真实的是口头交流，在场的；而第二个是较不合法和不真实的，在前者不在场时，后者也能替代和延伸前者，作为一种书写下的交流。所谓有一种"原书写"，这是反过来支持以下一点：所有的交流，无论如何，都是在不在场而非在场时进行的。称之为"原书写"，是因为"书写"是不在场的交流的最佳模式。（完全合法的思考，既然人们总是在以"缺席者"的身份"书写"。）"原书写"的观念允许我们统一交流和意指的领域。我们不再追问"何时""为何原因""通过哪种环境"，第一性的、口语的交流被降级为第二性的、书写的交流——因为如此降级从没有发声。所有的交流，从一开始总是在言说对象的"缺席中"，即以"书写"的形式来完成的。

交流和意指是在缺席而非在场的情形下发展的，这个观点比较容易让我们接受。而一个对他者或自己完全透明的事物实际上是经不住考验的。当我们通过口语来对一个"在场的"人讲话时，实际上他的在场是十分边缘和不完全的：他可能在想别的，胡思乱想，无法理解对象。同样，我们基本上对自己也是无知的，不知道自己在或此或彼的环境下如何行动？20世纪的文学和精神分析学已经制造了明显的诸多真理之间的晦涩和不可交流。口头的交流也可以毫不荒诞地被思考为书面交流的某一个部分：当我对我们的邻居说话时，我需要传达信息给一个更远的人。每个人都有这种体验：对着一个缺席但是心理感觉更贴近的听众或读者说话。此外，没有任何意义，或者毫无疑问地，人不可能与某个完全在场的人交流。如果别人完全在场，我就不需要和他交流什么。在缺席中的交流模式，也就是书写的模式，不仅允许我们将交流理论同质化，还建立了交流，"缺席"显示为使所有交流变成可能的条件。简而言之，我们不能交流，除非通过话语、符号、舞蹈、文字，除非是处在一个普遍化了的"原书写"的成分之中。

然而，德里达的"原书写"显然不同于上文作为问题的"好"书写，而是相反。原初的、神圣的、自然的、"镌刻"或"诸如"在自然的伟大之书或在每个人心目中的"好书写"的观念，总是相对于被当作"坏书写"的人类书写。相反，"原书写"在于在所有形式的交流中插入人类书写的特征，因此它在于拒绝所有区分"好书写"和"坏书写"的观念。在场时从来没有"好的"交流。所有的交流总是在"坏书写"的模式上造就的；这种"坏书写"即原初意义的书写，也是我们用来向缺席者告知明智信息的方式。德里达还邀请我们（这也是为什么他的哲学有时候很难理解的原因）努力用概念性思维来思考一种"原初的距离"——此后他称之为"原初的差异"，甚至"原初的延异"：无数种总是可以定义书写模式的普遍性的多元方式。

"在场"的形而上学

对书写的不信任，是对话语即"声音"的信任的反面。声音自身，是活的话语，自然联系到"在场"：实际上人们只能通过"声音"到达某个与自己身体贴近（在时空上靠近）的人。德里达也为他的系列相近主题构建了一个反衬概念，对这些相近概念给予了"在场的形而上学"[métaphysique(s)de la présence]这个非常普遍化的名字。通过这里，他指出所有的哲学以或此或彼的方式扫清了对"在场"的崇拜，因此贬低了书写。基本上，德里达的哲学在于突出了这种"在场"崇拜的幻觉性层面，毫不留情地揭示了其形而上学、宗教、传统的（甚至墨守成规的）和反动倒退派的维度。因此，这些批评可能不仅落在宗教话语（天主教对主人"真实存在"的崇拜，对诸幻象的神秘渴望，与神灵的狂喜的直接接触）上，也可能落在文化话语（剧院相对于电影的更大价值化，因为剧院舞台上的演员"真实存在"于现场，电视上的"直播"相对于"转播"的更大价值化）、道德话语（在社交场合"真实"相比于"虚拟"的更大价值化）、科学话语（"直觉"的价值化，它允许通过一种启迪来直接理解困难，让你置身于真理的面前／"在场"，让你"用手指触摸它"），或者哲学话语（对"感知"或"唯实论"而非建构主义、怀疑论或解释学的立场的更大价值化）上。所有这些话语为彼此上色，每种话语都以自己的方式讲述着关

第一章 人性、形而上学与书写

于一个黄金时代的怀旧,以及对随之而来的没落时代的悔恨。

"在场的形而上学"这一表述使人惊奇,因为它不常用,因为"形而上学"的术语自身是自足的,定义了哲学最高贵和最古老的部分,而没有将之具体为"这个的形而上学"或者"那个的形而上学"。"在场的形而上学"这一表述中的"形而上学"一词,可以通过不少理由来合法化。首先,符合康德和尼采的传统,"形而上学"这一术语的含义是消极的。此外,它在笛卡尔的时代已然如此,"形而上学"尤其被作为形容词来使用,以指称有点荒谬的东西,不合人情和常理。在《第一哲学沉思集》中"形而上学"的术语只出现了一次,却明确地指出:

然而,既然我没有理由相信有欺骗人的上帝,甚至我也没有思考过那些能证明上帝的论据,只依赖于这种观点的怀疑理性,太轻飘了,也可以说它是形而上学的。(笛卡尔,《第一哲学沉思集·第三沉思》)

从这个观点出发,谈论某学科或观念的形而上学,就是揭露其幻想的或骗人的特征的方式。所谓"在场的形而上学",也就是说"在场的幻觉""在场的热情""在场的谵妄"甚至"在场的狂热"是"形而上学的",[①]从词源上假定了"在自然之

---

① 前缀 méta:指偏、元,超经验的、抽象的。——译者注

外",也就是说,或者在自然的开端这一边,或者在其结束的那一边。因此"形而上学"包含着所有概念,它们意味着世界的"起源"或"创造",其"意义"与"命运":比如"基础、国王、父亲、太阳、神、无条件性、最后时刻",德里达还加上了"基本的／大写的",对这个词人们总能听出"头领"或者"原则"之类的意思。术语"形而上学",还指称所有意味着一种"世界的出路"(另一种"在自然之外"的方式)的概念,要么是"自由"(它总意味着因果关系秩序,因而也是一种世界秩序的断裂),要么是"事件"(它或多或少意味着同样的东西,因为在正常的、物理或物质的序列、因果之中没有"事件"),要么是笛卡尔或康德意义上的一个自由主体及其行动源泉的"主体"。"起源"意味着第一源泉,所有唤起这种太古意味的观念,也都是"形而上学的":比如"纯净""创建""童贞""未经触碰的或未受损坏的",同时也是"序言""导论""前言""开场白"等。①

所有这些概念都呼唤着它的反面:国王的合法权力对立于篡位者的非法权力;起源的"纯净"对立于没落或单纯的时间所造成的"不净"或者"腐化";"原创的"对立于"复制的";"模范的"对立于"模仿的";"导师"对立于"门徒";"创造者"对立于"诠释者"。在德里达那里,"形而上学"这一术语

---

① 参见本书附录"文本概览"第5则"序言已被删除"。

也指出，不仅仅是一堆灿烂的传统和神学概念，还尤其指结构化的原则，或以二元概念运行的哲学的实践原则，在它们那里总是存在着一方被升值，另一方被贬值的情形。从这一点来看，"形而上学"能在当代的哲学家和思想家那里找到。伴随着"认识论的割裂"，当宣称区分出了一个科学的好马克思和一个形而上学的坏马克思时，阿尔都塞似乎比德里达更为形而上学。德里达并未被如此"割裂"的观点说服（这种割裂据说存在于1844年的手稿里的人文主义者、作为黑格尔和费尔巴哈门徒的马克思，和此后达到一种"科学的"思想的马克思之间）。[①]

那么，德里达的全部谋划，就不在于将通常贬值的术语（篡权者、复制品或模仿）置于它们的双重价值化的地位（合法的、原创的、模范的——仅仅推翻了形而上学的姿势，从深层次上说，那就是复制了它），而在于避免重提这些二元一体和这些区分，在于试图表明思想在这些两极之中并不能良好运行，在于建议另一些思想形式。从中看出他的旨趣在于莫衷一是，在于疑难，在于双重意义。所有这些情形都在于试图走出形而上学的两极模式，这是非常困难的，因为我们总是本能上就是"形而上学的"。如果说形而上学意味着将现实与其相关概念隔离，并抑此扬彼的话，比如，高／下、年轻／年老、原创／复制、高贵／卑微、左／右、大／小、深／浅，这些二元对立不

[①] 德里达：《政治与友爱》，第42—43页。同样参见附录"文本概览"第23则文本"马克思形而上学的解构"。

仅建构了意义的对立，而且贬低了第二类术语，无须逻辑的必然性。"大"是立刻有价值的形容词，而"小"这一形容词立刻被贬值。如同深／浅一样，除了在波尔图（Porto）那里，年少总是比年长更被看重。我们的语法、话语和思想也总是比我们猜测的要更加形而上学。

　　形而上学似乎处理的是"遥远的"事物（在"自然之外"的东西，比如被作为"造物者"的"上帝"）。然而"在场"在传统上联系到形而上学，因为哲学、神秘主义者或人类智慧的努力，就常常在于"重拾在场"，在于取消人与自然的隔离或人与上帝的隔离，在于一种真正的"重新分配的形而上学愤怒"[1]。从这个观点来看，"形而上学"揭示出对"在场"的追寻，因此将灵感、狂喜、直觉、直接性、口语性等升值。相反，所有包含着"沉思"或"缺席"的东西被贬值。喜爱"直接的"胜于"差异化的"，"口语"胜于"书写"，"直接民主"胜于"代理民主"，"原创"胜于"翻译"，"作品"胜于"框架或评论"，"创造"胜于"诠释"，"深"胜于"浅"，"内"胜于"外"，"基本"胜于"补充"，"现实"胜于"表面"，这总是偏爱于"在场"而非"缺席"，"自然"而非"法律"，"动机"而非"随机"，"必然"而非"偶然"，"基本"而非"次要"，因此就是采取了一种"形而上学的"态度。从这一点来看，"在场的形而上学"的表述不仅仅是

---

[1] 此处借用了德里达在著作《阿尔托的隐秘艺术》（*Artaud le Moma*，第20页）中的提法。

合法的，还几乎是重复的、累赘的。①

避免"在场的形而上学"，是德里达长久以来的目标。为此，必须避免好几种策略。首先，"颠覆"形而上学的当下或历史的价值化，这是徒劳的幻想，因为价值化的翻转产生了一个反面的形而上学，它仍然是一种形而上学。因此德里达从来没有就此尊崇那些"微小"的概念。他没有把"书写"放到"口语"的位置上，"低"放到"高"的位置上，"能指"放到"所指"的位置上。这样做，实际上就是再造形而上学的姿态，不论这种两极或价值化之间的翻转从根本上改变了什么。

同样，希望走出形而上学的"围墙"，就像逃出监狱一样，也是徒劳的。在《隐喻的撤回》中，德里达反对利科，反驳我们能够谈论形而上学的"围墙"（正如一个领域所包围的东西）。在他眼里，围墙是一个形而上学化的概念，甚至是形而上学的概念，它指出局限、终结和定义。因此，想要在我们跳出一个围墙的意义上"走出形而上学"，这是在复制形而上学的姿态，仍然是停留在围墙（的观念）之内。在这个意义上，没有"走出形而上学"的可能出路。

最终，德里达认为哲学最经典的道路——想要摆脱或超越一切对立——就是一个困境，也就是"中立化""揭示"或"综合"（哲学论述文的著名的"第三部分"）。"超越"概念上的对

---

① 参见德里达的著作《有限公司》(*Limited Inc.*)，第174页。

立就是再造哲学最经典的姿态，也就是黑格尔的接班人的姿态。德里达总是拒绝这一种姿态，其野心不在现实或思想中——没有被理性控制住——留下任何一个"残余"。

为了摆脱"在场的形而上学"及其对立的二元概念，德里达假定了一种非常不同的策略。"在场的形而上学"的"解构"假定向某些特殊类型的观念求援，它们能够使内／外之间的对立破产，根据德里达的观点，这就是形而上学姿态的基础。德里达不停地建构如此观念，或者跟随已经存在的踪迹，"寄生虫""引语化""内陷""增补""重复""处女膜""幽灵"或者"药"等，都是"书写"的别名。比如，不可能说一个寄生虫是外在还是内在于它的宿主。一方面寄生虫是"外在的"，因为我们没有它总是可以生存；另一方面它是"内在的"，因为一个宿主并不接受随便哪种寄生虫。如果我们敢说，我们都有哪些配得上我们的寄生虫，那就是说它们总是已经以某种方式内在于我们了。同样，药（pharmakon）一会儿是解药，一会儿是毒药，不可能将这两种观念对立，或者将它们局限在特定区域里。所有的"解药"都是某种"毒药"，就像所有的"毒药"也是某种"解药"一样。[1]对柏拉图来说，哲学可与屠夫的技艺相比，后者在于"根据自然的表述"来"切割"现实（《斐德罗篇》第265行，265e）。德里达显露或建构的观念阻止或麻痹了这个

---

[1] 对德里达来说，同样在诸多"借口"和"罪疚"之间存在一种"增补"关系。参见附录"文本概览"第19则文本"借口消除罪疚"。

姿态，在他眼里这就是"形而上学的"姿态，是在哲学语言的中心安置下结构的莫衷一是或者不可分辨的地带，这一地带没有哪个理性运作能够澄清或解决。

逻各斯中心主义

德里达的哲学大部分在批评理性。这看上去不仅是悖论的，还是对立的乃至站不住脚的。根据定义，一种哲学不应该是相信理性这唯一的工具吗？毫无疑问，从此出现了对德里达的不理解，乃至拒绝，这使他成为哲学界的受害者；从此也产生了使他成为更普遍意义上的研究对象的热情。这些相对立的态度毫无疑问联系到一连串的误解，因为德里达总是自认为是一个"古典"哲学家——此外他在此也呈现为一个"经典哲学家"。"理性批判"总是最"经典"哲学的一部分。柏拉图也不忘指出逻各斯（古希腊词logos，既指"语言"也指"理性"）的局限，将其对话录的许多真理联系到"神话"，每次"理性"都无法进入。柏拉图被埃利亚学派的继承人及诡辩学派的超级理性主义所具有的毁灭性面相所震撼。在《美诺篇》中，苏格拉底一开始也对他们的论据感到无力回答。他认为，人无法在科学中前进，因为假如我们忽视了（从特性上看）我们是无知的事实，那怎么知道去哪里寻找它？假如我们凑巧找到了，又怎么认识它？因此，必须绝对地承认（诡辩学派同意）无知者的寻找和研究假定了他有一种前认知，简单地说，这个"无知者"事实上总是已经"知道的"。苏格拉底在这一点上，只能认为诡辩学派是"有理的"。他同意他们的整个论证，然后也求救于不朽灵魂对理念的"回忆再现"的神话。根据这个神话，认知只是一种记忆，在这个神话之外，认知是无法解释也不可理解的。笛卡尔也寻找真理，至少是既反对理性又伴随着理性。"怀疑"的全部手段在于检验真理是否能够存在于一种环境里，在那里全部的"推理"被认为是骗子和没有说服力的。他还发现这种真理（"我思故我在"）实际上抵抗所有的论证或者形式上的推论（如三段论）。以不同的名义，帕斯卡、卢梭，尤其是康德（其主要作品是或"纯粹的"或"实践的""理性批判"），然后是尼采、弗洛伊德、柏格森、萨特全都发展了对理性的批判。因此这就令人惊讶了，德里达以"逻各斯中心主义"的"解构"名义进行的理性批判，看上去如此出乎寻常和富有争议，然而它实际上加入的是一支已经历时上千年的队伍。

德里达以"逻各斯中心主义"的"解构"为特征的事业，在于质疑理性无法实现的许诺。根据他的观点，理性在面对"理解"和"区分"时都是失败的。在这两种情况下它的失败根源于书写，或者关乎书写。理性总是联系到一种"一系列"的形象以保证"连贯"，也就是说没有推理打断的连续性；这"一系列"的形象保证了"固定不动"，也就是说，连接于一个对象或敌手的事实，除非它是"非理性的"否则绝对不能再移动，

第一章 人性、形而上学与书写

就像人们谈论某些被海关扣押或"制服"的船载货物。正如在柏拉图的《高尔吉亚篇》中著名的一段文字里,苏格拉底向卡利克勒斯指出的那样:

> 这些真理在我看来,如果我能说的话,把一个连着另一个,形成了一根链条。如果我能再说些足够自负的东西,这些真理是一个连接一个的,以铁和钻石一般的论据的方式。这些论据,如果我信任自己已有的印象的话,你不能击破它们,也不能击破自己或甚至比你还狂躁的他人。(柏拉图,《高尔吉亚篇》,508e—509a)[①]

理性的这种"抓取"或"控制"在某些中心术语的词源学上也是可见的。拉丁语"concipere"或德语"begreifen",意思是"理解",都指出了某种"抓取"或"理解",它尤其是现代时期(自笛卡尔所处的17世纪以来)理性的同一个姿态,也就是通过西欧世界中发展的科学和技术而对世界进行的驯服和统治的策略。德里达清晰地属于"后—现代"之中,通过强调其局限,揭露现代工程(比如人类使动物遭受的那些待遇)的过度和滥用。他没有批评科学本身(这没有意义),而是批评了现代性的某些特色姿态:肉食、拥有男子气概和理性。这就是德

[①] 莫尼克·康多译,巴黎:弗来马里翁出版社。原文信息如下:Traduction Monique Canto, Paris: GF.

里达所谓的"食肉—男根中心主义"(carno-phallogo-centrisme)。实际上,根据德里达的观点,在我们文化之初为了食用而祭祀动物的行为,和所有框定我们的主体性(哺乳和口唇阶段)、我们的激情(亲吻和"贪婪的"的爱)、我们的宗教信仰(在神父以基督的口吻说完"这是我的肉"后,基督徒吞咽一小块圣体饼)的那些多少带有象征性的同类相食的形式之间,是存在着"亲缘性"的,甚至在摄食这类象征性的占有形式(人们的"反复咀嚼"和"消化")之中。根据德里达的观点,这种男性的主导型姿态,存在于所有的"社会契约"形式之中,存在于"博爱"的崇拜之中,法兰西共和国的第三个口号似乎只涉及"兄弟",也就是男人们,把人口中的另一半女性撇在一边了。在谈关于"兄弟中心主义"(《友谊政治学》,第267页)时,德里达重新加入了布朗迪·克里格尔在《共和国的哲学》和卡罗尔·佩特曼在《性契约》中的话题。[1]他们都强调那些将我们的社会建构在现代性想象中的那些"契约"和"盟誓"里的"博爱"和"男子气概"维度上,强调女性是令人惊讶地缺席于所有这些仪式的全部图像表征的(例如"老式网球游戏的宣誓"这类游戏)。[2]德里达没有迟疑地去嘲笑那些理性的"链

---

[1] 巴拉迪娜·克瑞格:《共和国的哲学》(Blandine Kriegel, *Philosophie de La République*,1998);卡罗尔·佩特曼:《性契约》(Carole Pateman, *Le Contrat Sexuel*, 1988. Traduction française, 2010)。
[2] 社会契约经常是解构的,且像是不可能的开端。请参考附录"文本概览"第8则文本"因此谁签了社会契约?"。

条",他猜测在那里存在着某些现代性的不安,面对着某些总会"重现"(既然是"重回人间的")的"幽灵"或"鬼魂",伴随着它们的旗帜或者链条的喧闹声,尽管理性为了猎杀或驱逐它们耗尽全力(《马克思的幽灵》,第216页)。西方哲学在他看来充满了吹牛和无法持久也无法实现的承诺。依据德里达,通过专注于不可确定性的领域——他将之集中于"书写"的普通形式下,哲学家们过度疲累(经常是使自己滑稽可笑的),去试图区分和理解那些不可分离因此也不可分开理解的概念:"解药"和"毒药";"现实"和"表象"(因为没有"表象"就没有"现实",正如没有"现实"就没有"表象");"理性"和"感性";"积极"和"消极";"原因"和"结果"……简而言之,"逻各斯中心主义"不知道注意德里达所谓"书写"的悖论性逻辑,它普遍性地定义了置换、补充、寄生、模仿或替代之类的关系,无疑失败于清晰区分和严格理解的哲学企图。对此,德里达做了一个著名的双关语游戏:"一旦它被书写所掌握,概念就煮熟了。"(《丧钟》,第260页)在此,概念反过来被它想"掌握"的东西所"抓住/煮熟/烧焦",我们不缺少令人瞩目的工具,从全部维度来描写和理解我们的世界,正如"兴奋剂""毒品""捐助""殖民主义"——这些是我们社会的重要问题,但是清晰和明确的全部"逻辑"是无法接近它们的。

语音中心主义和声音的争吵

书写的哲学包含一种"在场的形而上学"的批评,但是也质疑了哲学中"声音"的传统模式。人类的声音,帮助我们去表达我们的情感和思想,实际上是一种特殊的"在场"的驯服之地。在母语中(这点非常重要,雅克·朗西埃在其作品《无知的导师》里给予了充分的关注),"意义"直接在场,以至于最公共的经验乃是对所有感官感知的消亡:我们不再看到发音的嘴唇,不再听到发出的声音,我们是直接"在场"于意义,不是"从嘴唇到耳朵",而是"从心灵到心灵"。声音产生了这个小奇迹,它完全被抹去了,作为中介消失了,从而向我们呈现了它所包含和携带的意义。对德里达来说,这就是在整个哲学史中声音所享有的独特幻术的原因。就像他在《论文字学》(第34页)中谈到的:"这种在声音中能指被抹除的经验,并不是一种幻觉——既然它是真理观念的条件。"因此,"语音中心主义"(它将声置于中心)总是伴随着"逻各斯中心主义"和"在场的形而上学",是西方和现代姿态的基本踪迹,对它德里达尽可能全面地描写,以便给自己更多机会不再去复制和延伸。依据德里达的观点,"语音中心主义"和"在场的形而上学"据此制造了系统,伴随着哲学作为指向事物本身的"注视""理论"或"意向性"的哲学构想;伴随着"在场"作为"实体"或"本质"的构想;伴随着"目前在场"的构想,或者作为共有的"时间"点的"瞬间"构想；还伴随着"主体性"的构想，这种"主体性"在带向一个直觉点的反思"意识"中的"向自我的在场"（比如"我思故我在"或者笛卡尔的"我思"之中）。

声音是音响转向意义的变形之地，也就是说从物质到精神。在此，声音可与黑格尔的"超越"或者天主教的"圣餐变体"相比较。人们不惊讶于它有某些"神性"，因为上帝在《圣经》中被称作"圣言"（le Verbe），尤其是在约翰的《福音书》中，自第一行起上帝就被称作"圣言"，"Verbe"是从希腊语的"logos"翻译的法语词语："自一开始曾经有圣言，圣言在上帝之后，圣言就是上帝。"声音不仅仅联系到"logos"（即"理性"或"意义化"），也联系到"气息"，即拉丁语的"spiritus"（即"精神"），塑造了"圣灵"这个圣三位一体的其中一个形象。在传统上它还联系到"意识"，这个总以不可抗拒的方式在我们身上诉说的机制。因此声音总是有"神学的"或"魔法的"东西。声音不仅仅是自身的魔法（通过嘴唇、嘴巴和舌头来显现意义，这就像从帽子里赶出兔子来一样既精彩又不太可能），在传统上还是通过声音来运作的魔法。魔法是诗歌和祷告的完成，它是操演性的完全成功。俄尔普斯的声音能移动那些非生命的存在者。我们的社会总是把过高的社会利益给予那些男女歌唱家们。

"语音中心主义"或"声音"的象征性位置的问题，以逻辑的方式出现在德里达的最初一部作品中。它实际上只是书写问题的另一张脸。在《声音与现象》(1967年)中,德里达也建议对胡塞尔的《逻辑研究》(1900—1901)进行一个批判性的分析。对德里达来说,它涉及的是显示,不论这是否是更新20世纪哲学的努力,"现象学"处于"在场的形而上学"与"语音中心主义"的传统联盟的延长线上。对胡塞尔来说,声音呈现为一个"中介"或者"要素",面对它去合成一个客观的在场的可能性(人们听到声音,根据情况,它可能是愉悦的或者不悦的)和对发出声音者的自我在场的可能性(人们听到他自己的声音,遭遇一种既是外在的又是属于自己的东西时,总会感到比较古怪)。声音似乎解决了一个几乎不可能的问题:既是外在的又是内在的,既是客观的又是主观的,既能触动别人也能触动自己。我们的声音实际上显现于我们听到自己说的时刻,就像一种特殊类型的"现象"。这是一种客观和外在的现象,但是从我自己身体的深处发出,我又能被它的倾听所控制。声音展现了化圆为方的问题(即无法解决的问题),一种"被驯服的现象"。因此德里达说了那句著名的话:"音素(phonème)上演了现象(phénomène)被驯服的理想化。"(《声音与现象》,第87页)实际上声音似乎贡献了一种"纯粹绝对的自我情动"的模式。

  德里达的阅读是如此耐心和细致,他对胡塞尔的"语音中心主义"不无批判。胡塞尔没有忽略听力和发音的循环,但是他将这个循环不断简化,直到混同为一个句点。通过扩大并追踪它的全程,德里达的全部工作在于发现这个循环的正常尺度。

声音出自嘴巴再钻进耳朵，这是一个循环或圆圈，而不是一个句点。这需要时间、延迟、耽搁。将之简化为一个在场的句点，这无疑抹杀了循环。当然我的耳朵帮助我控制我的声音，但是这不是真正的、直接的同一瞬间。一个小延异总是在滑动。我们不能即时地对着自己在场，哪怕是在声音里。音乐家和演奏家很了解这一点。他们总是选择变换于倾听和制造声音之间。人们从来不可能同时进行这两个动作。德里达也总是提到笛卡尔的"我思"的反思性：我不能完全对自己在场，既不能在意识中，甚至也不能在镜子面前注视自己。我应该总是选择变换于凝视的眼睛和被看的眼睛之间。我不能看着凝视的眼睛。这是一种延异的逻辑—本体论的限制。我可以试图用左眼来看着右眼（在镜子里）作弊。但是这一刻我的右眼（在镜子里）看着自己，失去了它的小光线，是"被看的"，而非"看着"（实际上我在用左眼看）。重合是不可能的。在论自画像的部分，德里达相当客观地发展了这一点，他指出，在自画像时画家的眼睛必须是一直固定、客观化地。相比较另一只盲人的眼睛：画家正在看着的眼睛，看着的是要画出来的眼睛、被看的眼睛，这两只眼睛不可能重合。我们从来不能够完全关闭或取消这个循环。在书的结尾，一个诗意的回想，指向一个画廊里的"迷宫花纹地面"，它也可能是一个耳朵的"迷宫"，在那里声音都是回响的，不停地返回，就像眼睛，从墙壁到墙壁，手从来不能最终放在"在场"或"同一事物"的宝藏之上（《声音与现象》，第116—117页）。①

德里达的批评如此深刻合理（其书的最后几行文字非常优美），人们会惊讶于看到自己如此轻松地接受了胡塞尔关于声音的一个异常特征的命题（就像随后把现象学轻松地联系到其他的"在场的形而上学"）。实际上仔细审查一下我们会发现，在自我—情动（auto-affectivité）的话题中，与其他感官相比，声音不会呈现为如此不可争议的优先性。比如，我发出一种气味（汗臭），然后闻到它。如果它使我不快，我能用除味剂或香水来清除或改善。或者，我给某物一拳，我会感受到一种反力，它告诉我被击物的本质：当被拳击的物体越坚硬，我将会感到越疼痛。因此同样有一个触摸的循环。钢琴家能通过耳朵来控制他们的触摸。触摸的循环比声音似乎更接近于"在场"的模式，实在难以在时间中区分触摸的积极性和被动性，或者区分触摸的发出和返回这两类感受。此外，因"触摸"的模式（德里达对此贡献了一部重要作品②）在"在场的形而上学"中，触摸比声音的情况更加具有在场性，它以直觉的、出神的或者自知轻重（有分寸的）的方式出现。但是说实话，感知有时候也需要一定的时间才能获得：当我快速地摸一块火烫的板子时，火烫的感觉也是迟了两秒才出现的。最困难的情况是味道和观

---

① 参见书后附录"文本概览"第2则："原始的迷宫"。
② 德里达：《触摸—让-吕克·南希》，巴黎：加利利出版社，2000年。原文信息如下：*Le Toucher, Jean- Luc Nancy*, Paris: Galilée, 2000.

看这两种，它们基本显示为消极性和接收性的感官，因此可与听觉相比，除非人们能找到可以与声音相媲美的传输感觉。似乎我既不能发出形象（我的眼睛能够看到或控制到），也不能发出气味（我的舌头能够尝到和控制到）。但是，集中一点注意力就会揭示出，视觉和嗅觉的循环也是存在的，即便它们仅比声音、味觉和触觉的循环略微大一点。我们实际上非常在意自己散发出的形象，并且花了很多精力来调控它：我们凝视镜子中的自己，我们减肥，我们注重穿搭。因此实际上我们生产形象，我们的眼睛尽力地控制着，就像我们发出声音时我们的耳朵也在调控。如果没有镜子，我们会在别人的目光中找寻自己生产的形象是否合适，这允许我们进行修正——没了镜子我们也能够看到自己的一部分身体。最后，对于嗅觉的情况，就从来没有"适当地修正"过吗？通过美食艺术，我们是能够完美地散发气味的。舌头在此是主控官，就像是音乐家的耳朵一样。因此，我们所有的感官运行起来都是"情动"（affection）和"自我—情动"（auto-affection）的循环，如果德里达在批评它之前，绝对愿意接受胡塞尔的"语音中心主义"，那无疑是因为声音的价值化对他来说是一种特殊的感觉点，在它介入到一种书写的哲学的框架中——这可能也阻止他看到人们不仅仅是介入到耳朵和声音的循环，其实也介入到其他感官的循环之中。

当代美国哲学家斯坦利·卡维尔（Stanley Cavell），非常强调他对德里达一般立场的反对，这允许我们感受到德里达立场的特异性。在其著作《哲学的音调》①的导论及全文中,卡维尔自始至终把德里达归入一种"怀疑论"的流派,这对作家本身而言代表的是哲学最传统最长久的一支流派,也就是在所有的形式上,尤其是在"闷死话语"或者"声音"的"拒绝日常"上,运行一种"世界的消退"。从这个观点来看,德里达完全错了。在哲学的声音崇拜中看到"在场的形而上学"(或"语音中心主义"及其全部分支)那专制的象征性形象,他没有看到声音实际上在哲学史或人类史中处于受害者的位置:"德里达的工作的滑稽性",卡维尔写道,"在于它致力于'日常的窒息'(suffocation of the ordinary);我称之为在日常面前哲学逃离的连续性"(第14—15页)。在稍远一点的地方,在总结他的另一部著作《理性的声音》(Les Voix de La Raison)时,卡维尔宣布,这本书形成的原因在于"将人类的声音重新归还于哲学的怀抱"。声音,他判断"已经在思想中消失了":

在哲学对日常语言的持续怀疑中,声音有条理地消失了,达到一种最终的危机,存在于分析哲学在日常语言和逻辑解构之间实施的(……)令人不快的比较之中。它也理论地消失了,在现代怀疑论的结论中;这一事件开始于个人声音或气息的消

---

① 斯坦利·卡维尔:《哲学的音调》,2013年,第97页。原文信息如下:Stanley Cavell, *Un ton pour la philosophie*, 2013,p.97.译自英语原版:*A pitch of philosophy:Autobiographical Exercices*, 1994.

失（以笛卡尔和休谟最思辨的方式）；它们被割断于被笛卡尔发现证明自身存在的无能从而剥夺的疯狂"惊讶"之中，或者，被割断于休谟"焦虑的社交性"（sociabilité anxieuse）之中，这种社交性将日常不可沟通性与其所能揭示的人类认知错误相分离。通过宣称哲学对声音进行了过高评价，德里达给了我一个印象：决定性地制止我去呼唤这种丢失了的声音。（卡维尔，《哲学的音调》，第97页）[1]

因此卡维尔对待德里达的总体态度在于，将之封入他所谓"怀疑论"的闷死或扼杀"声音"的普遍历史中。卡维尔非常敏感于凯瑟琳·克莱蒙（Catherine Clément）的论题，后者在现代戏剧中看到了敢于歌唱也就是发出自己声音的女性死亡的公共场面。他把哲学家当成扼死人者，后者通过制造艰涩的吓唬人的理论话语，来阻止那些敢于发言、发出自己声音的人。对此，德勒兹也乐意起诉这种罪行，在他的"词汇表"（abécédaire）中宣称哲学的第一个效果就是"使人害怕"，这在他眼里是一个好事，因为它允许在一定的框架下阻止自己或别人说些蠢话……然而，德里达自认为在哲学上是反对笛卡尔的（笛卡尔在他眼里正代表着在场的形而上学、逻各斯中心主义和所有傲慢的、男子气概的倾向），卡维尔却认为笛卡尔和德里达在怀疑哲学的

---

[1] 本段加着重号字为本书作者添加，除了原文中的"过高评价"。

实践上是客观的联盟。这种哲学实践是远离日常的，相当吓唬人的，因为它扼杀了每个愿意或能够响起的害羞和弱小的声音。

不管某些论据的出现，卡维尔没有走向对德里达的话题的真正讨论，无论涉及的是德里达在《声音与现象》中对胡塞尔的讨论，还是在《签名事件语境》(Signature Événement Contexte)中对奥斯汀（Austin）的讨论。卡维尔也没有考虑到，至少在《哲学的音调》提到的那些著作里，德里达远没有忽略或遏制"声音"，他显示出特殊的关注，尤其是他就像卡维尔一样是一个戴着耳朵的哲学家，不断地讨论这个问题。《丧钟》(Glas)这本书恰恰是关于发紧的喉咙的（发出"gl"的声音）。我们只能惊讶发生在这两位哲学家之间的"误解"，他们的主要兴趣其实非常接近（像卡维尔一样，德里达在《环告录》中实践一种哲学自传，同样参考了奥古斯丁，和自己的母亲维持一种联系，这种联系有着卡维尔对他母亲一样的强度，尽管是在非常明显不同的语境之中）。没有达到"倾听自我"，在该术语自身的意义上，就像卡维尔对他和德里达的会晤所做的叙述那样，这一会晤不仅仅是回答他向德里达提出的问题（确实有点放肆）：这是发生在两个同样关注耳朵、声音、听力和倾听的哲学家之间类似聋子的对话……就像在误解的情况下（这是它自身的定义），人们在即使自认为是自我批评的时刻也说着同样的东西。有时卡维尔明确地指出：

第一章 人性、形而上学与书写

> 我现在发现（……），在德里达批评胡塞尔关于声音的优先性中在场的定位，和我批评通过思想的一般概念的优先性（以当下在场的一个观点、一个词语的普遍化形式）的传统经验主义来下定义，这两种批评之间存在着一种简单的相似性。（卡维尔，《哲学的音调》，第15页）

有时，在他最美妙的段落中，卡维尔又摆出论调，认为德里达无疑是愿意去联署的：

> 借由对我的词语的抛弃，就像不可能的墓志铭，预示着死亡的永别，我认识到我的声音，了解到我的词语（不同于你们的词语）。（卡维尔，《哲学的音调》，第182页）

我们看到，实际上卡维尔在属于他自己的方法上反复采用了德里达的主题，尤其是关于书写、签名和死亡的关系，这个主题卡维尔不能忽视，因为这使得他嘲笑德里达，在同一本书的另一段批评德里达"夸张做作"。尽管如此，存在这些误解，无疑是因为他们，或者归功于他们，"声音"和"语音中心主义"的问题将被放上台面，通过德里达对胡塞尔的批评和卡维尔对德里达的批评，它们处于20世纪哲学能够优先生产的事物中心。

第二章

文字学与普通语言学

索绪尔：符号与语言学的价值

"文字学"被德里达思考和提议作为索绪尔的"普通语言学"的合法继承者。德里达估计，"普通语言学"允许人们在语言现象的理解和意义的生产上作出了巨大进步，但是他也断定，出于不同原因，普通语言学不会走向其自身进展的尽头，而只是"形而上学"的一个先驱，甚至是它试图逃避的"神学"的一个先驱。德里达建议完成索绪尔所描绘的行动。因此文字学点对点地重拾起索绪尔《普通语言学教程》中的理论前提，为了称赞或是批评它——从而完成这个行动。

《普通语言学教程》（出版于1916年费尔迪南·索绪尔死后，由其学生整理成书）创立了一种有力的理论努力，即最终制造语言的理论。这不同于一个日常奇迹的神学描述，这种神学描述看到声音的物质性转变，从嘴巴通向耳朵的进程中，转变成意义或者直接进入精神的内涵。语言直到那时也是不可理解的，对于哲学家整体而言，就像对于现代的哲学家那样。"声音"和"意义"的联盟被揭示为神秘的，同时也是一个"灵魂"和一个"身体"的结合，在这两种情况下，人们几乎不可避免地被推向和卷入一个神性的解释之中，即介入到无数的解释之中。

索绪尔的《普通语言学教程》至少和弗洛伊德的《梦的阐释》一样，从两个截然不同的方向开启了20世纪的语言研究。

但索绪尔朝向语言的非理论化概念的理论努力，确实是充满矛盾的，尤其是当您仔细想想语言学的"符号"理论和语言学的"价值"理论之时。

A.

语言学的"符号"理论野心在于重建语言的诸要素之间的同质性。索绪尔不去继续承认语言是一个"语音"（son）和一个"意义"（sens）的不可理解的联合，他建议将语言学的"符号"思考为"音响—形象"（image-acoustique）和"概念"（concept）的集合。"音响—形象"也是索绪尔以"能指"的名字所普及的技术名词。这是"一个声音的形象"，初次接触会觉得如此之物实在突兀。索绪尔清楚地解释了这意味着什么：

（音响—形象）不是物质化的声音、纯粹物质化的东西，而是这种声音的心理印记［……］我们的音响—形象的心理特征，当我们观察自己的语言时就会出现。不移动嘴唇或舌头，我们能够对自己说话，或者在内心背诵一段诗节。（索绪尔，《普通语言学教程》，第98页）

"音响—形象"（能指）因此应该被理解为音响的幽灵，当我们默读或默诵时就会将其制造出来。这个幽灵同时也是一种可能物质实现的无限性的模子。当我们沉默地对自己发声时，比如,"所有美的事物是难的,也是稀罕的"(就像我们的读者此刻做的那样)。我接着能够高声地说出来,用一种或强或弱,或尖锐或温和,或好听或难听,或快速或慢速的声音;我也能够在一张纸上写下这句话,或者把它刻在大理石上,用或大或小、或紧或疏、带有如此或那般排版的字体;我还能够通过发光或有声音的符号,或者以旗语或狼烟的方式来传达这个句子。所有这些物质的表现,无论是有声的还是发光的,都是各种可能(无限可变的)的物质化,其母体为"音响—形象"或"能指",像索绪尔说的,它们不是物质的,而是"心理的",既然这涉及的是当我们自言自语或默读时所制造的记忆或影象踪迹。

《明信片》的一个短场景(第223—224页)以非常富有意味的方式说明了这一点。来到博德利(Bodleian)也就是牛津大学图书馆的德里达,应该遵守一套他不能立马理解的接受仪式。图书馆员给了他一个牌子,上面写明了应该"遵守"图书馆规则的"誓言",并要求德里达"读"一遍。读完以后,德里达还给他这个牌子。但是图书馆员坚持他应该"高声"读一遍,而不是默读。德里达照做了,很为自己的发音感到窘迫,然后他的脑子里充满了对如此要求背后的价值的思考。被如此高声朗读的"誓言"有用吗?那么以通电话的形式呢?录在一段影片中呢?它是否还有述行的力量?图书管理员不应该先确保德里达足够理解英语,以理解他所施行的动作吗?所有这些意见和假设的意图均在于质疑"高声朗读"和"默读"之间所进行的自然区分。要求他"高声朗读"的图书馆员抬高了誓言的"声音"和"在场",而贬损了默读或书写(德里达提到了一种写下来的誓言),或者誓言的一切"电视—交流"形式。图书馆员是一个不自知的形而上学者。他是庙堂的园丁。通过他,一切管理乃至政治系统显示了它对语音中心主义或在场的形而上学的赞同和依附——这些对于一个图书馆入口来说却是悖论性的,在此人们应该表现出对阅读一切被写下文本的沉默,即使这些悖论很少被那些表现它们的人所感知。

人表达"誓言"的方式问题应该比它看起来要深刻。如果我们假定,就像许多哲学家所做的那样,社会被种种"誓言"所架构,可能存在第一"誓言""协议"或"社会契约",那对我们而言,追问这个"协议"在何时和以何种方式被通过的问题是合法的。对于公民的假—整体而言,社会契约是含蓄的和沉默的。人们从来没有要求我们去"高声地"确认,或宣称我们认同我们的宪法和民主。我们制造的大部分誓言或协议是含蓄的:如果我对一个朋友说"我明天来看你",我并没有阐明一个誓言(我没有说"我发誓",也没有说"我承诺"),然而我做了一个(誓言)。相当奇怪的是,我们一生中做的那些唯一明确的誓言,首先关乎我们自己(我们"决定做个友好的人",或者就像萨特评论热内那样,"决定做一个贼"——哲学家阿兰在这一意义上,支持"全部文字都是誓言",这并非没有合理性)。因此,它们属于个人的能力范围而非社会或政治的范围。而关于第一位的"协议"被通过，总结和表达的明确方式，卢梭和霍布斯没有给予任何详情。那么在第一次社交场景中发生了什么？有一群人聚集起来大声朗诵（歌唱或者背诵）并合唱了第一个誓言吗？一个演讲者是否在人群面前启动了一套表述，人群则在一种对话中回应了他？他是否高声讲述了协议内容，他面前的人群则回应以无声的同意？

此外，我们无法根据（每个弥撒所呈现的）各种局面来确定契约的"合法性的程度"和有效性。在更经常的情况下，我们签订最明确和司法上最牢固的合同，不仅不会高声阅读，甚至不会全部看完。例如，我们总是下载那些条款，或者在线购物时总是勾选"我接受本合同的解释和条件"，却不会在线看完这些条款，我们甚至不愿意再这样做了。然而，如果发生争议，这种接受将反对我们，因为我们已经签署同意了，我们是作为一个负责任的成年人，可以自由选择，并已经宣布接受了他所"签署"的一切条款。因此，在博德利图书馆宣誓的小场景对于德里达和他所反对的这些立场来说是意义非凡的。对他来说，不论从任何证据看，在默读和高声朗读的行为之间没有任何本质区别。如果人们要求他，就像签租房协议那样，在图书馆员面前一个词接着一个词地复制誓言，以手握笔而不是用电脑，它不会构成额外的有效性（因为所有这些确认，无论在哪种情况下，都是增补性的）。在这个场景下，德里达显示为索绪尔的信徒，在他含蓄地接受索绪尔将能指作为"音响—形象"即声

061

音的沉默形象的定义时；这一沉默形象随之能够物质化为一个声音的发送者，或者通过手写、机器、电脑的复制，存在于一个影片胶带上或者在一个存储器中；或者通过电话，或者一个勾选行为——它等于对一个长文件进行了全部仔细的阅读；或者通过击掌来"拍板同意"的动作——这其实恰恰等于"勾选"行为。在他眼里，所有这些能指的物质化都是同一水平的，没有谁高过别人。高声阅读没有超越誊写或者简单的默读。在书桌的另一边，等待着读者来高声朗读誓约的图书管理员仍然处于一种预—索绪尔的语言学中：她相信（或者至少她的职责迫使她去相信）"声音"或"在场"的优先性，她相信（或者处于职责表现出信念）高声话语的效力（甚至魔法），只有这种话语能够修改一种处境、创造一种介入，连接那些宣读它的人。因此这个场景允许我们衡量在哪一点上，德里达认同索绪尔的那些新命题，尤其是当后者毫不犹疑地在能指之中心导入"书写"，就像他在《普通语言学教程》的第103页宣称的那样。实际上高声阅读丝毫不能修改能指，或者高声宣读的事实严丝合缝地等于誊写的事实。这就是认识到，书写总是处于能指之中，其口头发音因此不是无限可能性中的一个变形——这恰恰就是德里达的立场。

"语言学的符号"的另一种面孔，根据索绪尔的说法，正是他也称为"所指"的"概念"。对于索绪尔，这种"所指"对应的是一个"意义"。换句话说，"能指"是我们能在一个词典上找到的一个"定义"的"被定义者"。例如，一个完全的语言学"符号"能够被理解为，我们在一个词典里为一个词语"猫"找到的定义（或者描述），即"所指"："小尺寸的家养猫科动物"；或者，在"能指"的名义下，词语"猫"的"音响—形象"，即"能指"，也就是当我们默读"猫"时所发生的情形。因此，通过以所有的想象性的方式来书写或者宣读词语"猫"时，我们也能够给这个音响—形象或者这个能指赋予所有可能的物质化，无论是声音的或视觉的。

以这种方式，"语言学的符号"重新找到了它的同质性。"概念"或者"所指"实际上是"心理的"，因为它涉及的是"精神"唯一能获取的"定义"。"音响—形象"或者"能指"也是心理上的，因为它涉及的是我们不能发声的心理或记忆印记。所指和能指都是心理的，它们是彼此同质的，语言学的符号（无疑人们称作"词语"）停止成为一个物质的"声音"和它不服务的"意义"之间无法理解的联盟。这种同质性终结了语言学符号的奇迹或神学维度，允许语言学进入现代性之中。

对索绪尔来说，语言学符号有两个基本特征：它是"随意的"和"线性的"。"符号的任意性"换种方式说，即在语言学符号里"能指"和"所指"的联系本身是随意的，这意味着它不是被"证明为正确的"，或者它是无所谓的或偶然的。根据语言规则，一个被赋予的所指能符合好几种能指：例如，所指"同一些父母的孩子"能够联系到词语"姐姐"的各种语言表达：soeur, sister, schwester, soror 等。我们称产生于这些不同联系的符号为同义词。相反，在一个既定语言里，同一个"能指"也能被联系到好几个所指上：例如，词语"table"的音响—形象或者"能指"它包含了两种含义，既能够在法语里联系到"桌子"的所指："人们能够用来在它上面吃饭或书写的物体"，也可以联系到"目录"的所指："一本书的内容的描述"，因此这创造了"同音异义词"。"符号的任意性"不意味着，每个单词能在无论什么"能指"和"所指"之间建立联系。实际上，语言假定了一种同意（如果人们愿意它产生理解或交流），因此一个既定个体不能自由选择使他高兴的某"能指"和某"所指"之间的联系。"符号的任意性"在一个语言群体而非个体的水平上也是存在的。此外，人们能够想象——这是可能的——一个特别的杰出人物将一种新的语言符号带入普通语言，也就是说，在一个能指和一个所指之间的新联系［我们能想到"turlupinade（庸俗的双关语）"和"abracadabrantesque（荒谬）"被希拉克总统带进日常词汇里，即使他并没有创造出这两个词］。但是一个"符号"只有在被一个社群接收的情况下才能进入语言。

　　语言学符号的任意性是语言学朝向现代性和去神学化路上的一个有意味的进步。实际上，它的基本推论是，没有一种语言可以声称自己优于另一种语言，也没有任何比另一种语言更可取的说话方式。如果"符号的任意性"支配着任何情况，那就没有"第一语言"或"更好的语言"，所有文本无一例外都可以翻译。这些建议总是冒犯那些在表达上声称自己是先在的和优越的宗教信徒。例如，犹太人或穆斯林，他们都相信，真主口述给他们的神圣文本不可能在不遭受重大损失的情况下翻译出来。同样，一些哲学家（比如海德格尔）认为希腊语和德语与哲学有特殊的亲和力。语言学"符号的任意性"使得我们有可能完全拒绝这种主张，就像它有可能允许我们拒绝某些表达的自然或诗意的"动机"一样。我们倾向于认为拟声词的动机是它们与它们所表达的事物的相似性（比如"boum""crac"）；同样，我们倾向于认为诗歌无法很好地被翻译；或者在某些语言中，存在其他语言中"找不到"的转弯或表达式，就好像在某些语言中存在漏洞，但在其他语言中没有。符号的任意性允许我们驳斥这类偏见。首先，拟声词不是被自然激发出来的，它只是因为不同国家而异。接着，诗歌总是可译的，此外它也是一种翻译［人们甚至能够翻译《芬尼根守灵夜》（*Finnegans Wake*）和《消失》（*La Disparition*）；①全世界的译者们在不停地提起翻译德里达作品的困难，主要的困难在于在词语的多重含义之间如何抉择，还有那些构成单词的字母之间进行的文字游

---

① 乔治·佩雷克（Georges Perec，1936-1982），法国当代著名小说家及填字游戏作者，代表作除了小说《消失》《物》以外，还包括自传《W或童年的记忆》《生活使用说明》等。《消失》（1968）这本小说的主要特点是通篇没有出现字母"e"，然而"e"在法语构词中是运用频率最高的字母。我们把这种写作形式称作"避用某个或某些字母的作品"（lipogramme）。《消失》据说描写的是对死于集中营的母亲的悼念，母音"e"的缺失暗示母亲的失踪。
——译者注

戏]。最后,对于那些"缺席的单词",答案在于使之注意到,没有哪种既定语言的表述能够准确地传达另一种语言的表述。比如,词的内涵之间总是存在着极细微的差异。因此,对于"某些东西"我们缺少"某些词语"来说,而用另一种语言"能说",这一判断是不对的:事实上,总是缺乏所有词语,因为在一个既定语言的一个词语和另一种语言的一个词语之间从来没有严格的等同。一个"无法翻译之词的词典"本应该包含所有词语。……此外,这不能阻止翻译的工作及其成功。假定我们选择几个单词中的一个来表达另一种语言中的一个单词,这怎么会有问题?莫里哀在《伪君子》(*Le Bourgeois Gentilhomme*)里几近完美地诠释了这一点:

科雷翁:Bel men。

科维埃尔:他说,你会很快和他一起准备参加仪式,这样你就可以见到你的女儿,并结束婚姻。

茹丹先生:这么多事就用两个字?

科维埃尔:是的,土耳其语就是这样,它用几句话说了很多。言简意赅。

语言符号的任意性最终使人们有可能解释和理解一种难以理解和矛盾的双重现象,即语言发展缓慢,但不可阻挡。语言发展缓慢,因为没有一个符号本身比另一个符号更好,所以没有理由停止使用你自己习惯使用的符号。鉴于此，"符号的任意性"解释了各种语言对变化的抗拒。但是相反地，既然没有哪个符号比其他符号强，当一种变化在一种语言中发生时，出于各种可能的原因（世界、历史、诗学新发明等），那就很难拒绝这一变化，因为不存在任何语言论据能推动这一拒绝。例如，人们会拒绝大量的英语外来语进入法语，但是从符号的任意性来看，说英语、法语或英法混合语，从交流或理解来看不会更好或更坏，也不会更无效。基于语言的科学支持的缺席，那么只能是政治论据占了上风。

根据索绪尔的观点，语言学符号的第二个基本特征在于"能指的线性"。在他眼里，这和"符号的任意性"一样重要：

能指，具有听觉上的本性，只在时间中展开，具有从时间中借来的特征：1.它再现了一种长度；2.这个长度只在唯一一个维度上具有可测量性：它是一条线。（索绪尔，《普通语言学教程》，第103页）

索绪尔也很快指出，这种"听觉的"维度，其能指的"时间性"或"线性"允许人们区分借助符号进行的各种交流。但是，这个简短的评论尤其重要，在它允许区分交流的其他系统中，比如绘画或者建筑的具体语言。具体语言建立了一个强制性的秩序，它允许语法的存在，特别是使用否定或连词来表示许多细微差别，如让步、超越等，而一个表格或标志牌无须秩序和语法就可运作。他在这个地方补充了一句从德里达的角度来看意义重大的话：

  音响的能指只拥有时间性的线条；它们的元素是一个接一个出场的；它们形成一个链条。当人们通过书写来表现它们，或者替换图形符号的空间线来表示时间上的延续时，就会立即出现这种特征。（索绪尔，《普通语言学教程》，第103页[1]）

  当索绪尔将能指的"线性"和语言（甚至是口语）的"原书写"的维度相结合时，这个评论是惊人的。相反，德里达却寻求分离这两个维度。

  B.
  在"语言学的符号"理论之后，索绪尔在《普通语言学教程》的第四章发展了语言（langage）的另一个概念（称作"la langue"的概念。请忽略掉它的日常用法，因为人们总是谈论"一种langue"或"几种langue"和"法语"，但从来不谈论简短的"langue"——人们在这个情况下称作"le langage"）。这第

---

[1] 此处字下的着重号由本书作者添加。

二个概念就是"语言学的价值"。它的攻角①实际上恰好相对立于"语言学的符号"理论。"语言学的符号"理论是一种"基本主义的"或"构成主义的"理论：它自问谁是语言的"构成元素"，谁是建构它的砖瓦。它从各个元素走向整体。"语言学的价值"理论则恰恰走向反面。它从整体走向各个元素。它离开"诸结构"，拒绝把语言作为构成性的诸元素的集合体。"语言学的价值"理论也是一种"结构主义的"理论，为此索绪尔被认为是20世纪的"结构主义"之父，这一结构主义能够被用来普遍地定义为一种在其全部维度和活动中——历史、人类学、宗教、社会学和文学等——思考人的倾向。以这种方式，索绪尔用"语言学的价值"这一理由来思考语言。

"语言学的价值"模式是一种"奖学金"或者一个金融市场的模式。价值一词应从股票（或债券或货币）的价格的角度来看，而不是在道德优越性的意义上。根据这种观点，一种语言可以与意义的市场相媲美。没有哪一种意指（signification），就像市场上没有哪一种股票（或债券或货币）没有内在价值一样，没有意义。在市场上，价值总是相对的，要依赖于它们激起的欲望。当一种股票／一个词语总是被需求／使用，它们的价值就会增加；相反，当它们不被需求或使用时则会消失。人们也看到某些词语获得了一个越来越宽泛的意义，而另一些词语则

---

① 攻角是流体力学和空气动力学的概念，描述了一个物体（飞机等）与流体（空气等）的相对运动之间的夹角，是影响物体升力、阻力、侧力等气动特性的重要参数。——译者注

消失了。"语言学的价值"是那些意义区域的光环，在时间和相互关系中不断波动。在此索绪尔推翻了意义的传统超验维度。意义，被理解为"语言学的价值"，以严格的水平线方式来确定自身，正如那些国家的边界在时间中改变一样。意义或者"语言学的价值"只不过是这种持续的再分配。无论是理性的还是神圣的，它们以一种内在的方式从系统中产生，而不是来自任何机构。它们本来会一劳永逸地固着于这些机构。"因此，无论如何，对于不是事先给出的想法（idées），而是来自系统的价值（valeurs）这一点，我们都会感到惊讶。"（索绪尔，《普通语言学教程》，第162页）

"语言学的价值"的概念和"差异"的概念是分不开的。实际上，所谓在一个市场上（无论是股票市场还是意义市场）价值总是"相对的"，这就是说，它们总是具有"差异性的"。系统中诸物之一的价值建立在它和其他物的"差异"之上。就其自身而言，没有一个系统中的物体有价值或身份。索绪尔于是在此头一次导入了一个观点，即在一个既定系统中，通过与其他元素的差异来定义其中一个元素的身份；这不仅对于德里达，对20世纪下半叶的整个思想界来说都是可以接受的。这相当于否认稳定和永恒身份的想法，并以同样的姿态否认：可以通过元素的添加来构建一个系统，因此每个元素都可以获得它的身份。索绪尔极端地推翻了这个方案。系统对他来说是首位的，个体的身份只不过是在这个系统内部不断变化的碎片：

当人们说一些价值符合一些概念，他的意思是这些概念是纯粹差异化的，它们不是通过它们的内容来主动定义的，而是通过与系统中其他术语的关系来被动定义的。它们最准确的特征在于正是其他概念所不是的东西。（索绪尔，《普通语言学教程》，第162页）

根据这个观点，诸元素（此处指诸词语）于全部词语来说是属于第二位的，这看似离奇。然而，它也相当准确地描述了在话语（discours）之中划分（decoupage）与理解（comprehension）之间的关系。精神分析学使我们习惯了这种话语的划分，它依赖于我们对之拥有或者愿意拥有的理解。"再一次"（Encore）？或者"身上"（En corps）？（拉康语）"是，是"（We, we）或者"是，是"（Oui, oui）。（德里达语）在"我称你为我的爱人"（je t'appelle mon amour，德里达，《明信片》，第13页）中，"我称你"（je t'appelle）不也意味着下一通电话，[①]或者下一个定义吗？这些不可确定性的元素比人们在普通语言中想象的要普遍得多，我们经常被引导在理解它们之后重新定义我们听到的句子的构成元素——正如我们看到的，对整体的理解，在此允许我们追溯性地定义和表现那些部分，或相对整体而言第二

---

① "je t'appelle"，既指"我称你为……"，也可以指"我打电话给你……"。——译者注

位的部分的特征。

文字学的"字符"

"Gramme"来自希腊语"gramma，grammatos"，后者来自"grapho"，即书写（écrire）。"Gramme"在希腊语里指：刻下的文字、书写的文字、单词或字母；接着，是普遍的书写文本、账本、笔记本、名册等；然后，是所有类型的文字或文件、书、论著或论文、协议书；接着是书写的规则（与习俗相对）、科学意义上的文字、训令。另外，指乐谱、数字、一幅素描或画的轮廓等。我们将看到"文字学"在很大程度上具有连贯的对象，可作为最广泛意义上的书写的科学。"文字学"这个词有一种异国情调，无论如何都是不平常的，甚至可能有点像行话，这可以解释在某种程度上它还未被普通语言所接受，这不同于德里达的其他术语，其中处于第一队列的有"解构"术语。然而，术语"gramme"在法语中也出现在很常见的术语"语法"（grammaire）之中——这可能看起来很奇怪，因为语法不仅仅是对书面符号规则的研究。它也出现在一些派生的术语之中，比如节目（programme）、电报（telegramme）、密码（crypto-gramme）或者脑电图（electro-encephalogramme）中，——不要忘了以下事实，"gramme"在同音异义上联系到"graphe"，它以一种隐藏的方式出现在"graphe"的所有召唤中，因此也就呈现

第二章 文字学与普通语言学

在传记（biographie）、目录学（bibliographie）、拼写法（echographie）、图形（graphi(qu)e）、笔迹学（graphologie）、博物馆学（museographie）、缀字法（orthographe）、摄影术（photographie）、活字印刷术（typographie）等中。

到了法语时，我们只能用"克"①来感知到一小部分重量，而与写作的概念无关。这种现象来自一系列历史—词源学的混淆，在拉丁语中就像在希腊语中一样。在拉丁语中，动词"抄写员"（scribo）的意思是"写"，从那里衍生出"脚本"（scriptulum）、"小线条"（petite ligne）。还有另一个外观上非常接近的词："小石头"（尖石 / scrupus），从中衍生出令人担忧和不安的东西（顾忌 / scrupule）的想法。这两个词"scriptulum"和"scrupulous"已经融合到单词"scrupulum"和"scripulum"中，这保留了"小重量"的含义，也就是一块"小石头"的重量（正如一盎司的1/24，或古罗马货币重量1阿斯的1/288）。因此，拉丁语中，在"scribe"的派生词"书写"（ecrire）和"石头"（scrupus）之间产生了混淆，而本来两者根本没啥关系。由于罗马人对希腊人的胜利，在希腊语中，相同的联系建立在一种"写作的元素"和一种"（石）块 / 群的元素"之间（恰好与 scripulum 一样：盎司的1/24）。只有最后一个意思，"gramme"作为"千克"的千分之一，这个含义保留了下来，到

---

① 法语中的"gramme"指质量单位中的克。——译者注

达了我们面前。因此我们不能立刻把"gramme"揭示的东西跟书写揭示的东西相结合,这可以解释我们有时为什么会在德里达的"文字学"建议面前感到奇怪。

在确定语言的模型是书写的框架下,也就是说,在缺席而不是在场的情况下进行交流,德里达认为自己有理由用"文字学"代替"一般语言学"。无论能指理论的优点和它对语言科学的进步如何,索绪尔将能指定义为"音响—形象"的事实表明,在德里达眼里,语言符号的理论仍然取决于声音,或者语音中心主义(他在别处进行了谴责,并打算代之以"文字学")。

"符号"概念的批评

德里达承认索绪尔符号理论的反神学维度,并赞扬索绪尔拒绝将声音/意义的区别叠加在灵魂/身体的维度:"人们总是把这有两张脸的统一体和分为灵魂与身体的人的实体相互比较。这种接近很少令人满意。"[1]此外,索绪尔也清楚地看到,声音,就其自身而言,不是语言的构成性成分:"声音,作为物质的元素,自身不属于语言。"……"在其本质上,语言能指根本不是音响的。"[2]实际上,一旦我们接收到"声音",我们就停止接收"意义"。我们只有在我们不理解的语言中感知到"声音"。这些

---

[1] 德里达:《多重立场》(*Positions*),第28页。另见索绪尔:《普通语言学教程》,第145页。
[2] 索绪尔:《普通语言学教程》,第164页。

评论值得赞颂，因为索绪尔据此以某种方法在语言的分析中撤销了"音素（phonè）"、声音、语音的优越性："在本质上，语言学的能指根本不是音响的。"

然而，在德里达眼里，在这一语言理论的形而上学框架里，索绪尔走得不够远。更坏的是，"在他继续提炼'符号'概念的同一个框架下，他不能不去确认这种形而上学的传统"（《多重立场》，第28—29页）。实际上，根据德里达的分析，"能指和所指的差异总是产生了感性和理性的区分"，后者对柏拉图的概念正构成了德里达定义为"形而上学"的特征。毫无疑问，"音响—形象"的概念在索绪尔眼里，目的就在于在某种程度上抹杀了这种差异性。但是人们应该赞成德里达，这种抹杀在索绪尔那里是不完全的，在索绪尔的"语言学的符号"理论里，"所指"自然完全取代了柏拉图意义上的老"概念"（conception）或"观念"（l'idée）。此外，人们不能质疑在索绪尔的话语中书写时常遭受到的贬值，对此德里达在《多重立场》（第36页）里进行了清点：

"语言学的对象不能是界定为被写出的词语和被说出的词语的结合体"（第45页）；"书写外在于语言的内在系统"（第44页）；"书写蒙住了语言的眼睛：它不是一件衣服，而是一种乔装改扮。"（第51页）书写和语言的联系是"表面的""虚假的。通过一个"怪行动"，应该只是一个形象的写作，"篡夺了主要角色",而"自然关系被颠倒了"。(第47页)文字是一个"陷阱",它的行为是"恶毒的"和"暴虐的",它的不法行为是怪物,是"畸形的案例","语言学必须把它们放在一个特殊的隔间里进行观察"。(第54页)"语言和写作是不同符号的两个系统;唯一存在的原因在于再现第一个。"(第45页)(索绪尔,《普通语言学教程》)

在这种批评的延伸线上,德里达还表达了另一种观点。它侧重于索绪尔"语言学的符号"理论的"全心理的"(tout psychique)特征。实际上索绪尔建构了他的符号理论,以消除"声音"(物质的)和"意义"(非物质的)之间不可理解的失调。在这个目的上,他给了符号的两个部分"能指"和"所指"的"心灵的"维度。否则,在德里达的眼里,索绪尔的"符号"这一"全心理的"特征并不是一个偶然的选择,"它被注入,并被规定在符号自身的概念中"(《多重立场》,第34页)。这种心理学的优势实际上还伴随着一种关于交流的传统观,根据德里达的理解,"它意味着将一个所指物、一个意义或概念的身份从一个主体传递到另一个主体,该所指物、意义和概念在法律上可与转移过程和能指运作相分离"。"全心理的"在此伴随着(德里达对此并不惊讶)"主体""意义""概念"和"身份"的概念,这些属于交流的"非本质的"和"透明的"特征。在题为《井和金字塔》(*Le Puits et la Pyramide*)的文章中,这种批评被重拾，德里达表明符号被黑格尔理解为过渡之地，"从一个在场向另一个在场的临时转移"（第82页）。

更普遍地看，索绪尔在他的"语言学符号"理论中重拾的经典概念，在于或隐或现地、不太紧要却必要的，认为"能指"是"在外的"，是不同于"所指"的"他物"。因此，如此概念假设了"所指"或"概念"的独立世界的可能性。从此事实出发，一个所指世界对能指世界而言的等级优先性——在西方哲学中，书写相对于声音的外在性—劣势性，只不过是能指相对于所指的外在性—劣势性的一个影像。德里达的全部努力，试图比索绪尔更加索绪尔的一点在于，拒绝在话语和书写之间，更深刻的是在"所指"和"能指"之间，存在这样一种外在性—劣势性的关系。这是《论文字学》第一部分的主题。索绪尔的最佳之处（即完全"差异性的""语言价值观"理论）告诉我们，在所指依赖于能指，而不是相反情况的框架下，人们能颠倒次级化的术语，提出所指有赖于能指，这就等于回过头说，即使这有点儿骇人听闻，"所指"应该被放置在"能指"的位置上。乍看上去出人意料的德里达宣言就此出来了：在语言中，"所指总是起着一个能指的功能"（《论文字学》，第16页）。从此事实可见，"所指"和"能指"之间的区分就变得难以维持了，这导致德里达总结道，"书写的到来"，正如他理解的和定义的那样，导致了隐藏在符号概念和全部对立的（形而上学的）逻辑的毁灭。

对符号任意性的批评

德里达对索绪尔的"符号的抽象性"的态度总是难以理解的。实际上在德里达那边,和任何思考这问题的人一样,都会质疑"所指"和"能指"之间缺乏动力的观点。此外,语言学符号的动力问题(也就是语言学的一些符号总是比其他一些符号更适合它们的对象,无论涉及的是本质还是上帝)紧密结合着德里达所拒绝的"形而上学"。一种语言要想"优于"其他语言,它必须通过自己的资历和尊贵程度,追溯到一种原初的语言,追溯到既人性又神性的第一语言:

永恒的上帝造出了所有野生的动物和天上的鸟类,他又使它们朝向人类,看看人是怎么称呼它们的,最终一切生灵都顶着人给它们起的名字。人给所有的牲畜、天上的鸟和野生动物都取了名字。(《创世纪》,2:19—20)

这是一个诗学和魔法的黄金年代,创世主造了一个唯一的家庭,在那里词语和事物都处于互动之中——这个观念通过对祈祷有效性的普遍信仰,一直延伸到现代世界。因此,语言的多样性在逻辑上被描述为人被逐出天堂后神的惩罚:

那时，天下人的口音、言语，都是一样。他们往东边迁移的时候，在示拿地遇见一片平原，就住在那里。他们彼此商量说，来吧，我们要作砖，把砖烧透了。他们就拿砖当石头，又拿石漆当灰泥。他们说，来吧，我们要建造一座城和一座塔，塔顶通天，为要传扬我们的名，免得我们分散在各地上。耶和华降临，要看看世人所建造的城和塔。耶和华说，看呐，他们成为一样的人民，都是一样的言语，如今既作起这事来，以后他们所要作的事就没有不成就的了。我们下去，在那里变乱他们的口音，使他们的言语彼此不通。于是，耶和华使他们从那里分散在各地上。他们就停工，不造那城了。因为耶和华在那里变乱天下人的言语，使众人分散在各地上，所以那城名叫巴别（就是变乱的意思）。(《创世纪》，11：1—9)

这种对世界和语言的看法使词源学成为获取真理的庄严方式。这是柏拉图在《克拉底鲁篇》(*Cratyle*)里表达的观点。苏格拉底在篇中质疑对话一开始就提出的一种观点，后者认为词语建立在人类的惯例之上，也就是说词语不是被从本质上激发的，而是任意的。为了证明，一种相反的观点，词语应该总是被接受为"现实"的遥远"印象"。苏格拉底在对话中提出了一种断链的词源学的联系，后者毫不犹豫地诉诸一种最不可能的解释，以表明大多数希腊语单词的真正和合法含义来自它们的词源，这一点就像在以下两位身上同样虚幻：伏尔泰通过"挂"

在"高跟鞋"上的服装来解释"裤子"这个词，或者，弗洛伊德在《日常生活的心里分析》里，发明了最不可能的计算来"解释"为什么他梦见这个或那个数字。苏格拉底在对话中的固执是相当惊人的。在目瞪口呆进而不安的对话者面前，没有一个词的含义不能在词源中建立，也就是说参照词语所指事物之处的原始场景。他的反惯例主义（anti-conventionnaliste）使他丢失了所有的审慎，即使在阅读翻译中的对话也会破坏他的每一个论点，因为它通过例子表明，人们能够以另一种方式、另一种语言来说话，这些词语被带到它们的词源里，甚至在它们的古希腊发音那里，就像在它们的真理中一样。《克拉底鲁篇》的翻译就是关于专利执行矛盾的罕见案例，在那些允许我们进入文本并理解它（翻译）的东西，反过来歪曲了主要论点（要知道普遍的词语和语言不但是协定的，而且是不可翻译的）。此外，我们不能传播一种建构或一种陷阱的可能性，通过这种可能性，柏拉图曾通过其反惯例主义的观点的荒谬性表明，翻译这一对话不仅仅是困难的还是荒谬的——这个姿态我们稍后会在德里达那里找到。

由于德里达的立场完全相反于原始语言，更普遍地说相反于代表它的柏拉图式立场，特别是他拒绝书写的意愿，这一"语音中心主义"和"在场形而上学"的精髓，并且从这个角度来看，德里达在《柏拉图的药店》中特别表明，柏拉图的哲学在很大程度上是在与书写问题接触的基础上自我解构的，人们会期望看到德里达高度主张索绪尔关于"符号的任意性"的观点。不过，对他的读者来说，情况远非总是如此，这令人意外甚至是震惊。相反，德里达总是提到这个主题，不是直接从理论的角度，而是根据一系列的证据和实践，它们汇合一切指向一种怀疑论或悬置的方式。

面对现代时期"符号的任意性"主题含有的文化和政治色彩，德里达用拘束一词将其表现了出来。而且这种拘束是如此广泛，以至于它总是导向对主题自身的重新质疑，无论是理论地还是实践地，即使根据我们的认知它不存在于文本，德里达也宣称它是"虚假的"。因此德里达首先敏感于这种对符号任意性的辩护中"在场"所具有的优先性。在他的眼里，在语言科学客观进步的幌子下，这是形而上学和技术的西方传统占主导地位的众多方式之一。德里达引用索绪尔的话说道（《多重立场》，第32页）：

人们可以说，完全抽象的符号比其他科学更好地实现了符号学的进步的理想；这就是为什么，作为表达系统最复杂和最广泛的语言，也是全部表达系统中最具有特征的；在这个意义上，语言学能变成一切符号学的一般模式，尽管语言不过是一种特殊系统。①（索绪尔，《普通语言学教程》，第101页）

---

① 该段文字中加着重号部分由作者标注。

在这种优先性的确认中，德里达看到了某种西方中心观念的特有姿态，正如他在《论文字学》突出显示的两个文本中指出的一样。首先是卢梭，在《语言的起源论》中指出：

书写的这三种模式，足以准确地回答不同的状态，在这些状态下，人们能够思考聚集为一个民族的人群。描画物体的方式适合原始人；有词语和命题适合野蛮民族；字母表适合彬彬有礼的民族。

然后是黑格尔，在《哲学科学百科全书》中指出：

根据字母顺序的书写（l'écriture alphabétique）无论在自在还是自为上，都是最理智的。

卢梭低估了书写，抬高了言语，与直接和沉默的交流相比较而言的言语。因此他重视根据字母顺序的书写，因其本质是语音的。实际上字母顺序的书写表现的不是"物体"而是"声音"。在这个意义上，它在朝向一种普遍化的"语音的"书写的人性之路上是倒数第二步。此外，人们自问为什么一种世界改革仍然未开始颠覆我们的书写系统，后者处于语音书写——服务于外语尤其是英语学习的最大便利性——之中。无论是什么，根据字母顺序的书写，作为语音书写的近似体，是非常不同于表意文字的，后者更靠近一种对现实的绘画。因此，根据字母顺序的书写直接接触到传统上赋予言语、声音和口述性（书写中最富有口语性的）的卓越地位。此外，根据字母顺序的书写也非常符合"符号的任意性"。实际上在两种情况下，关联的全部自然性在符号所是的和它所表现的事物之间是被否定的。在字母链"c""h""a""t"和它的法语发音「ʃa」之间，没有任何"自然的"和"受激发的"联系，因为在英语里，人们的发音出自同样的字母链「tʃæt」。同样，在发音「ʃa」和法语通过单词"chat"所定义的动物之间没有任何"自然的"和"受激发的"联系（因为在英语中同样的动物用「kæt」来发音）。任意性因此在字母书写的全部平面上都能呈现出来。

符号和字母书写的任意性，也是"语音中心主义"或"逻各斯中心主义"的两个侧面，后者在德里达眼里，首先被阐释为"种族中心主义的"，也就是说作为欧洲或欧洲人对世界其他部分的相对支配权（《论文字学》，第11页）。逻各斯中心主义从其历史之初就界定了哲学的特征。但是，德里达估计，"普遍语言学"及其"符号的任意性"和"语音书写"的价值［或者"字母"的价值——德里达1967年赋予"字母"以语音方式来统治世界的命运，看到这一点仍然是令人震惊的，当我们看到50年后，谷歌作为全球最好的公司，重整后被归属于一个称为"阿尔法／字母表（Alphabet）"实体的旗帜之下］只不过是加深了这种语音—逻各斯中心主义，远不是使我们走出这一中心主义，直到制作出了西方统治的最终武器。这就是理性，我们经常会十分惊奇地看到，为此德里达努力抗拒逻各斯中心主义的现代或当代的发展，比如抵抗"符号的任意性"，德里达为此冒险接受了看似反对现代眼光的一些立场和实践。

此外，德里达的书写实践，也使他对"符号的任意性"感到不舒服。就像他在无数地方宣称的那样，他的文本既遵守语法学定律（lois grammatologique），也遵守语义定律。法国先锋小说家乔治·佩雷克（Perec）在某种书写的物质局限下曾写出很多作品。《消失》（la Disparition）是一部没有字母"e"的小说，《生活使用指南》（La Vie Mode d'Emploi）是由不能变成阅读的数学规则来构架的。让一切都保持着一种示范性（因此保持着一种内在的语义学一致性），德里达的书写经常整合了这种外在机械的约束类型。在《明信片的邮寄》（Envois de la Carte Postale）中，总是同样长度的剪报指出了被取消的片段，这些片段的大小本来是非常不同的。《明信片》的结构是复杂的，它包括：音节（或字母链）"dos"（背部，这既意味着我们看不见的自己身体的一部分——一种哲学总是在另一种哲学的"背后"——也像德里达当年使用的Mac磁盘操作系统），音节（或词语）"pour"（为了Esther或Pourim），还有联合和替代"A-O-A"（比如"Carte Postale"），这一点几乎遍及和编织了全书，就像在德里达关于阿尔托的文本中——AO——（比如 *Artaud le*

Moma，AOOA），或者在任何对"锤击哲学"（philosophie à coups de marteau）的唤起中；或者是联合体"SP"（"S是P"，"苏格拉底是柏拉图"，Carte Postale），在著作中无穷变化；或者（这个清单从不会确定是哪个东西），是联合体"PP"，既指"Pharmacie de Platon"，也指"Principe de Plaisir"或者"Pépé"（甚至是"Pépée"或"Papa"？），或者也是"PR"（"Principe de Réalité"），也或者是（"Poste Restante"），这些是很自然的。出现在这样一本书里，它处理的问题包括书信及其寄送、收信人和所有允许它们"到达的命运"的技术基础。《面纱》(*Voiles*)这本书完全由"v"编织而成，同样，《丧钟》(*Glas*)是所有可能包含"gl"的词语的"花环"。为此德里达曾事无巨细地在他的字典里搜索，目的是为了在他的书中尽可能地录入这些词语。《边饰》(Parergon)的整个文本都在上演着"sans"和"sang"之间的轮换游戏。德里达对弗朗西·蓬热所作的评论文章《署名蓬热》(Signéponge)，根据德里达自己的口述，全是在"FR"上作词语游戏；而在《逼迫画布》(*Forcener Le Subjectile*)一书对阿尔托的评论中，则游戏于音节"for, or, fors, force, jet, jeté"等之间。德里达曾经常强调，人们能够追随这个清单而没有停歇，就像佩雷克那样，他总是比他的读者更先一步，他总是乐于提前作出令人望尘莫及的努力，以发现所有文学建构的规则都能隐藏在他的作品之中。

　　这些写作实践对德里达来说，是一种试图战胜符号任意性的方式。毫无疑问，我们首先会对这样的断言感到惊讶。人们会设想，如果一个作者，自由、任意地给自己施加形式限制，如果他强迫自己在他的文本中带回一些单词或音节，他难道不因此证明了这个"符号的任意性"吗？但是对于这个问题，从德里达的观点可以回答说，当一个文本完全由音节、字母、数字或谐音编织而成时，在其各个部分之间就会产生与其字面性，而不是与其意义相关的关系或回声。因此，这些文本中的"能指"不再是"任意的"了。例如，在《丧钟》中，某些包含"gl"的词表示了基础甚至是反义词（"痰/glaire""浓痰/glaviot""谷子/gluton""吞咽/déglutir"），而其他包含相同音节、定义了什么是最高和最高贵（"荣耀/gloire""鹰/aigle""加利利/Galilée""银河系/galaxie""镜厅/galerie des glaces"等），则表明并非无关紧要。只要整个作品都围绕着这些形式和语法标记，就不可能（或荒谬）保持"符号的任意性"，因为作者所做的一切都是为了证明在此符号不是任意的。德里达在这里，在他的反现代斗争中，发现了某些非常古老的态度，例如对神圣文本或者卡巴拉的严格文学评论。这些评论考虑到了字母的形状、字母在文本中的数量等。完全自然的是，通过这种迂回的方法，德里达也发现了诗歌或神圣文本的特征不可翻译性的假设。德里达不是"难以翻译"，因为他是"难以理解"。实际上，他不比柏拉图、亚里士多德、笛卡尔、康德、黑格尔和其他哲学史上的作者们更难以理解。他难以被翻译，是因为

第二章 文字学与普通语言学

他的文本不仅仅是以语义学的方式来建构的（根据意义），也是根据文字学的方式来建构的（根据字母）。比如，既然这标题为 *Glas*（《丧钟》）的整本书都是为了向这个音节致敬的，那么用一个不包含音节"gl"的术语来翻译标题"Glas"就是荒谬的。因为这个原因，英文版《丧钟》的翻译就保留了标题"Glas"，而"glas"一般被翻译为"knell"。但是这还是一个"翻译"吗？当人们开始在一个翻译里保留一些原版词语时，人们就处于一个滑溜的斜坡上，导致博尔赫斯的"皮埃尔·梅纳尔"[①]发展出了这样一个结论：《吉诃德》（*Quichotte*）最可能最好的翻译不应该远离原始文本的一个逗号。而且，必须在作品中翻译每个包含了"gl"（还有"fl""pl""vl"）的词语，全部这些德里达称作具有"L效应"（effet+L）的词语；这种效应在于通过包含了相同音节的词语来把"L"加进一种既定的辅音里，没有这个举动，整本书的基础（至少非常重要的一部分）就丢失了。通过书写和实践化（因为理论化是不可能的），德里达也抵抗了索绪尔式"符号的任意性"，就像所有的乌力波[②]、诗歌、魔法和卡巴拉、神圣文本或者古老文明的爱好者，同样拥有的毁灭性力量。

作品超出公共性的诸维度，使得《丧钟》成为一个令人震惊的特殊个案。它使得德里达眼里"符号的任意性"问题变得

---

① 此处指《〈吉诃德〉的作者皮埃尔·梅纳尔》，是博尔赫斯的一个短篇小说。——译者注
② "潜在文学工场"的简称，法国新小说派之后一个强调智力和跨界的松散文学流派，1960年由文学家雷蒙·格诺和数学家勒利奥内等创办，其成员至今活跃于国际文坛。——译者注

重要。索绪尔实际上辩护过语言符号的任意性概念（也就是说，在"所指"和"能指"之间"自然的"或"受激发的"联系的缺失），以针对那种提醒"拟声词"——即显得是"被激发的"符号（通过模仿和相似于某些现象"boum""crac""paf"，因此不是"任意性的"）——存在的反对意见。或者说，两个易引起错觉的"拟声词"之一，被索绪尔在《普通语言学教程》中提及，也被德里达在《丧钟》里提及（第106页），具体地说就是词语"glas"：

> 人们能够运用那些拟声词来说，能指的选择不总是任意的。但是这些词语从来不是一个语言系统的有机组成部分。此外它们的数量也远没有人们想象得多。像fouet和glas这样的词语能通过一个有意味的声响来震动某些耳朵；但是，要看见它们不是自开端就有此特征，这只要追溯它们的拉丁语形式就足够了（fouet源自fagus, "hêtre", glas=classicum）；它们现在的声音的质量，或者不如说是人们分配给它们的质量，是语音发展的偶然结果。（索绪尔，《普通语言学教程》，第101—102页）

《丧钟》也可以被看作是对索绪尔《普通语言学教程》中这段文字所做的一个既是理论又是实践的有力的回应。您不是说"丧钟"（glas）是非激发的吗？那这里有600页的文字告诉你相反的情况……事实上，德里达在其中看到了热内（Genet）的文

第二章 文字学与普通语言学

本，在他被其名字"热内"的好几种形式所感染的意义上，后者是"被激发"的。音节"Gal"或者"Gallien"，没有返回到热内偶然选择的一个名字上，因为人们发现，尽管有些疏远，但在"Gabrielle"里是他母亲的名字。（《丧钟》第193页，引用了热内的话："我的母亲名叫Gabrielle Genet。我不知道父亲的名字。"第124页又重复了这句话。）热内是"受公共救济事业局抚养的弃儿"，实际上他自己在《偷儿日记》（*Journal du Voleur*）里点明了，他是如何被自己的出身所烦扰，在21岁之前才知道母亲的姓名，自始至终都不能知道父亲的名字。根据这个观点，他所有写出的作品，以这一种或另一种方式，都是这个名字的放大（或烦扰）的回声，这成了德里达的阅读基底。在"gl"的无限变格（性数格的变化）中，就像在这个"mer"上扎根着"galeres"，它在"brille，elle"（《丧钟》，第75页；又见第62页和第168页）中，"Gabrielle"无处不在。一个文本总是一个作者名字的放大，这看来是可质疑的，甚至是怪异的，在他对热内的评论以及其他许多文本里，这是德里达捍卫的主题。作家不是都在试图"自造一个名字"吗？从这个观点来看，文本的"非动机"或其能指的"任意"的观点看来，在德里达那里是难以忍受的，这个观点十分敏感于精神分析学的动机，这一目的从不承认符号的非动机。

这一逃避西方世界的支配和同一化过程的意愿（对此德里达有时称为"全球化"，这大概也不是确定的，比如当使用表意

德里达：书写的哲学
Derrida. Une Philosophie de L'Écriture

符号体系的亚洲人民迫于字母表的、继而语音的书写的压力，才放弃表意符号①的书写之时），字母表和符号的任意性使得德里达为了一种非任意性、字母表的或语音的符号系统四处寻找可信的模式。德里达也总是以一种莱布尼茨所谓"特征"的方式，把数学作为"非语音书写"的例子（《论文字学》，第12、20、21页），尽管他不隐藏莱布尼茨与形而上学传统的深层联系。他把数学（就像音乐及其特殊的书写系统）和（古埃及的）象形文字（hiéroglyphes）、表意文字和图画文字（pictogrammes）相关联，作为对字母表—语音书写的普遍蔓延做一些可能的"抵抗"立场。在那里有一个非常"70年代的"一面，伴随着毛泽东时代不可避免的"中国的"价值增值。人们也感知到在莱布尼茨的"形式主义"（formalisme）和笛卡尔的数学"直觉主义"（l'intuitionnisme）时代的著名冲突的踪迹（贝拉瓦尔的书20世纪60年代才出版）。②形式主义在沉思、书写的一边，直觉主义轻视演绎型的沉思而更喜欢真实的直接显著事实。人们在这种可选择性之中发现了"记忆—内在的—生命的—心灵"和

---

① 语言学上的表意符号（idéogramme，亦称形意符号、形意图或表意图）是一种图形符号，只代表一定意义，它不是一种代表语言的语素或语音的符号系统，不能用于记录语言。表意符号是文字萌芽时期的产物，可以分为四个层次：刻符、岩画、文本画和图画字。当文字史进入古典时期后，表意文字（logogramme，又称语素文字或象形文字），如汉字便取而代之。此外，表意符号、表意文字和表音文字（phonogramme）不同，后者是用具有任意性的语音来记录的文字符号。——译者注
② 伊冯·贝拉瓦尔（1908—1988），法国文献学家和哲学家，著有《莱布尼茨：笛卡尔的批评者》（1960）以及关于萨德、狄德罗的系列著述。——译者注

"记忆—外在的—死亡的—书写"之间的柏拉图式的冲突的某些东西。一切问题在于知道,就像德里达所做的那样,如此思考是合法的:作为"书写—语音"的数学,就像绘画一样,在空间中而不是在能指的时间"线性"中得以发展。说来真的可以有无数个理由来怀疑这一点。首先,因为数学是很有可能被认为是一种"书写"形式的(相等或等值性是非常不同于一个宣讲的;说"$a=b$",非常不同于说"S是P");因为所有的数学推演都是在时间中,而不是在空间中展开的(我们不能相反地读一系列的理由,而且大部分数学符号能够记录一个阅读的顺序);因为在数学中"语音的"维度仍然是基本的(人们从来不能看到一种不能发音的公式或者是符号能被书写),而且,一个等式的各元素的发音秩序和它在一个句子的发音中词语的秩序一样,绝对必要。此外,数学作品总是开始于关于发音的课程:"人们称一个形象为'圆'",它不总是意味着"我们界定什么",也不意味着"我们发出声音"。无论是什么,无论是在哪些为符号任意性这类表面中立的概念的辩护之中,还是在对字母表的辩护之中,德里达都力图定位西方令人生畏的战争机器,他知道如何展示他倾听的精细性。

对能指的线性特征的批评

根据索绪尔的观点,能指的"线性"意味着这样一个事实,即能指"作为本质上是听觉的，它只能在时间中展开，因此它拥有从时间借来的以下特点：A.它表现了一种广延；B.这种广延只在唯一的一个维度中可以测量：这是一条线"（《普通语言学教程》，第103页）。所有由词语或语言构成的东西，文学、诗歌、哲学都展现了时间的艺术，（像音乐那样）。此外，将一种"书写的哲学"扎根于一种对"线"的轻视之上，这似乎是悖论性的。书写和"线"似乎是不可分离的。人们不是要求孩子们去制作"书写线"，要求作家去实施著名的格言 *nulla dies sine linea*——"不要一天不写一行字"吗？书写这不首先就是"占一条线"吗？这是德里达庄重地用来和福柯争论的一个表述。不过，德里达对能指的线性概念的批判仍然是特别有力的，因为从根本上来说，他的全部哲学都可以被定义为对线性的批判。

"至于线性主义，您知道那不是我的长处。"德里达在《多重立场》（第68页）中宣称。德里达非常明白，索绪尔通过将"概念"和"音响—形象"联合从而将语言符号同质化了，实际上他估计索绪尔太过于专注于"语音"，也就是说"声音"和口语性，借由宣称能指在本质上是"音响的"。那是在语言学的中心，重新树立了语音中心主义和所有传统或当代的一切性数格变化。德里达也建议做一种"线性主义"的全球化批判，根据他的观点，这种批判是跟随并且内在于所有欧洲和西方的发展，在经济、技术、集中农业以及"被写作的阶级所使用的意识形态的组织"的发展之中（《论文字学》，第128—129页）。

然而，德里达不能否认能指和语言的时间维度（这是很明显的），他批评的是索绪尔那里潜在的时间观念。索绪尔的所谓时间"表现了一个广延"，而这个广延可以用一条"线"来衡量，这实际上是轻率地栽进被时代所批评的时间观念之中；对此有许多强有力的论据，包括柏格森和海德格尔的（《论文字学》，第105页）。在《意识的直接材料》中，柏格森也澄清了这样一个事实，即时间采取物理线条来作最常用的表现，那实际上是相反于时间的本质的。我们重新启用索绪尔的原话，线条作为空间的对象和广延，真的能够表现或者产生时间本身吗？柏格森认为，通过一条线来进行的全部再现，这是会令人产生误解的，对此有好几种理由。首先，一条线（或一段）是一次性地在我们的眼前完全画就的，而时间的一个间隔从来不能对我们如此完整呈现：过去，不久前已经消失，未来还未来到，我们的时间经验不如说是一条"线"上的点。其次，线条是不动的物体，而时间点确定是可移动的。最后，尤其是我们能够向前或向后，在一条线上移动，就像在一条路上一样，如果我们断定我们走错了路，那么就要返回，换一条新路。此外，我们能够表现出最"自由"的意愿，作为重返一个未确定点（十字路口）的可能性，以尝试走一条不同于我们走过的路线。但是，根据柏格森著名的判断，那就是制造了自由的完全错误的表现，因为"时间是一条线，是我们不能跨过的"。因此，对柏格森来说，时间是完全特殊的一种线条，非常不同于我们在纸上画出来的线条；相反，在后一种线条中，就像孩子们经常做的那样，我们会乐于去"跨越"。

  基于海德格尔在《存在与时间》里展示的论据，德里达重提并且放大了这些批评；海德格尔的论证揭露了一种基于空间运动或"当下"运动而被思考的"时间的通俗概念"；从亚里士多德的《物理学》到黑格尔的《逻辑学》（《论文字学》，第105页），这种概念主导着整个哲学。德里达不满足于批评时间的空间表现，他质疑的是那些观点，甚至时间性的概念似乎是自然地和逻辑地卷入的，处于这些观点第一层面的就是关于"连续性""先在性"或者"起源"的概念。乍一看，这些可能是荒谬的（如何想象一个没有"连续性"的"时间"呢？），但是这恰恰符合德里达的理论尝试，即他试图在他的"书写哲学"中以其术语所推行的东西。实际上，德里达加入到一些哲学和哲学家的行列之中，这些人出于各种原因，谴责那个包围了起源或者严格延续性（比如人们在因与果中找到的东西）的时间的线性概念，与其发展不如说是循环的时间概念；在后一种的循环时间概念中，一切点都能够被思考为先于或后于另一个东西。比如，我们可以想到斯多葛学派，也可以想到尼采，或者在更一般层次上说是所有关于"永恒回归"的理论。对此，德里达有一种不可置疑的偏好。德里达发展的全部"书写哲学"，在于建议对现实采取一种非线性和非连续性的眼光，在"已经在那了"的不同形象之下。比如作为我的主人的"食客们""总是已经"在那了，因为所有的主人不会去招待一切食客（国王需要的是愚民，爱虚荣者需要的是仰慕者，而富人需要的是吃白食者等）。我们在婚礼之日发出的"是的"开启了一种新的生活，但是它是基于准确地重复这个"是"，这个在我们之前数百万的夫妻已经发出来的声音。基于重复才被开始。衰落从来没有开始：它已经在那了，总是在那儿了，或者说，它从来不会自我产生。我用来说话或交流的词语，只有能够在另一个语境中被传输的条件下，才能构成一种语言。无疑他们来自另外一种语境，在一个没有起源的引语系列之中。语言总是已经在那了，在我们用它来进行介入之前。

这种"总是已经"（toujours déjà）的形象，也就是书写被接受为"原初的重复"的同一个形象，它相反于作为"原初的"幽灵的口头言语，在德里达的著作里无限蔓延，允许他去理论化和澄清某些历史和文化的悖论。德里达注意到，在一切革命事件中"总是已经"即指皈依和纪念仪式（因此也是重复的仪式）。（比起那些革命事件本身，我们不是更愿意虔诚地纪念后一类仪式吗?）德里达邀请我们去"轻视"历史的"形而上学概念"，它包含着一种"终结性"，一种"意义"，一种"目的"，简而言之，就是人类历史的一种线性。相反，德里达在其中看到的是幽灵（法语里恰当地命名为"回魂 / revenant"）。在《马克思的幽灵——债务国家、哀悼活动和新国际》这本书里，他也采用了这个观点，其中提到了福山在1992年苏维埃政权倒闭不久后所预言的历史的终结。借由一种幽灵的感染类型，福山的线性主题在德里达看来，似乎反相揭示了"回归"或者"幽灵"的概念；这些主题宣称采取了一个确定性的术语，不仅是共产主义的，还是世界的历史。实际上，德里达不无幽默地向所有他那个时代的人解释道，"历史终结"的主题、"哲学终结"或"人类终结"的主题，都是内在于一种思想的马克思主义结构或问题的具体通行货币。因此他判断，福山和所有像他那样去理论化"历史终结"的人，是在"再生"，使得那些曾经伴随着马克思主义几十年以来的诸主题"回归"：就好像幽灵的决定性自马克思主义一开始就显现出来，它一直纠缠着马克思主义的批评；这些批评自身不仅表现为驱魔者，也表现为回魂——一切驱魔者首先要表示他是相信有幽灵鬼怪的，相信它们的效力和作用的。

同样的线性批判还可以在德里达关于文化的理论中找到，也可以在他关于"殖民主义"的批判中找到，这里的"殖民主义"被理解为突然降临于那些之前从未受损的人民身上。相反，在《他者的单一语言》（*Monolinguisme de L'Autre*）中提到，"一切文化原初就是殖民的"。德里达在论"世纪与宽恕"（见著作《信仰与知识》）的访谈里解释了这一点，把批评指向他们的共同之根（拉丁语的动词 colo, ere, colui, cultum, 意思是"培育"）——"殖民主义"和"文化"。"殖民主义"不是继文化之后来的，也不先于文化。一切文化总是已经殖民了的，这是它的本质，因为它在逻辑上是不可能不"外在于法律"来建立法律的。因此，暴力是内在于文化自身的，它总是已经在文化之中。

一切民族国家都是在暴力中生存和建立的。……只需要强调一种结构的法则即可，即奠基的时刻、建立的时刻是先于法律及其所建立的合法性的。因此它是外在于法律的，它自身是暴力的。但是您知道，人们能够"阐明"（这是一个怎样的词语！）这种抽象的真理，借助那些可怕的材料，它们来自一切国家、无论最年轻还是最年老的国家的历史。在人们严格地称为"殖民主义"的现代形式之前，所有的国家在一种殖民形式的侵犯中都能找到它的起源。（我也敢说，并不需要依赖于词语和词源学，这包括所有的文化。）这种基础的暴力，不仅仅是被遗忘了的，基础被建立起来就是为了回避它的。在本质上，基础就是要去组织一种遗忘症，或者有时候采取对伟大开端的庆祝和升华形式。（《信仰与知识》，第131页）

在此，德里达非常接近于勒内·吉拉尔的话题，因此后者非常热情地引用了这一段。文化的本质就像书写一样，是可替代性的。它构成于纪念日、纪念仪式、庆祝仪式、牺牲仪式等，后者的作用在于"顶替"被遗忘的或压抑的事件，但也总是指出了"总是已经在那儿"的他者。

德里达：书写的哲学
Derrida. Une Philosophie de L'Écriture

人们对此并不奇怪，德里达的哲学书写，也在于以各种努力来阻挠学术或哲学写作的"线性"观念，后者被认为从一个"导论"走向一个"结论"，伴随着一个包含着步骤和戏剧性突变的调查研究。德里达很少写哲学"书籍"，如果说通过这个书籍，我们指的是具备一个开头和结尾的演绎型整体的话。其著作的假整体性在于那是一些有着非常不同篇幅的文本合集，这些文本毫无疑问被统合到一个主题单元（以及通过另一种写作步骤"在上文"），但是并没有真正的线性或者总体的内在进展性。同样，德里达也试图，有时是故意地阻挠阅读的线性，例如《丧钟》一书采用双栏并排的方式排版，这样读者可以选择先读左边还是右边，或者是只读左边的栏目，然后再读右边的栏目，或者是相反。以同样的方式，德里达的一篇文章《尺寸中的真相》（La vérité en pointure）是合集《绘画中的真理》的一部分，是由"圆圈"构成的。在这个机智有趣的长篇对话中，最后的一些答辩重提了最前面的一些答辩，就像在莫里茨·埃舍尔（M.Escher）的雕刻艺术中，使得对话可以无限地发展下去，或者无论从哪一页都可以开始。从这个观点来看，德里达非常接近于斯宾诺莎，对于后者，我们也不能做一般性的考察。他的《伦理学》实际上是根据几何秩序推进的，并不允许一个从开端到结尾的线性阅读。读者被不停地发回到前述推理的瀑布之中，如果他能够前进，他就必须退回到前面的章节。但是他也能够选择一个自由的路线，返回前述章节来确认一些参考资料，或者继续他的阅读，并不去做上述麻烦的步骤。因而严格来说，阅读《伦理学》并没有一个秩序，这接近于《丧钟》书中的非线性。这里还有笛卡尔，以他的线性的冗长推理和他的"理性的秩序"作为反面人物，就像他试图作为"自然的主人和占有者"那样。实际上，正如笛卡尔所说的，哲学的合理性假定"理性的链条"（chaînes de raisons），通过这个链条，思想能够进行线性的推进。这种线性的进展受到"圆圈"的威胁，这是一个逻辑错误的经典名称，就像借由一切的递归性（循环性）和连续性的解决办法那样。德里达的"书写哲学"（就像他的同时代人米歇尔·塞尔那样）是尽可能地反对线性的。

第三章
书写哲学与言语行为

书写、引用和重复

  德里达选择把"书写的"概念放在他哲学的核心位置。这并不意味着他要创造一个新的中心，或者一个新的起源，或者一个新的主导词，如此就重新激活了他想避开的"形而上学的"模式了。不把书写放在事物的"中心"，这是在其中心放置了一个本质上是双重的、拆分为二的、可替代的结构。因此也使得一个"中心"的形象不可能，因为一个中心是唯一的，否则它不是一个中心。德里达假定了书写传统上的贬义描述：书写是第二性的，它模仿话语，它愿意替代话语，它有"欺诈""顶替""增补"和"寄生虫"的趣味。将书写置于哲学和现实的中心，因此就是在其中设置双重性，或者"永恒地回归"，或者"返回人世者"。德里达把这种原初的"差异化事实"称作"原初延异"，这是一种总是正在发生着分裂、分开的原初，是不断的成熟分裂。在这种"书写""幽灵""返回人世者"的本体论中，一切都是差异化的、分裂的，分离于自身的。这看来似乎是奇怪的，甚至是荒诞的，当我们越自动地接受一种同一的本体论，我们就越是自动地倾向于想象一种采取整体形式的东西。但是，这种"原初延异"与以下主题并不是很遥远：比如弗洛伊德的"自我的分裂"，萨特那里总是不断地分离于自身的"自为存在"，或者斯劳特戴克（Sloterdijk）（在《气泡》中）提到

德里达：书写的哲学
Derrida. Une Philosophie de L'Écriture

的原初双胎妊娠，[①]或者勒内·吉拉尔的主题——我们的欲望基本是原初就具有"模仿性的"和"模拟的"。如果说欲望实际上是具有"模仿性的"，而最内在的、最个人的和最原初的欲望又总是已然分裂的，已经是模仿的，是对一个他者的欲望的回应、反应、影子或者孪生子。所有的欲望工业（广告、淫秽业、时尚、商业、旅游业）都在如此模式上运行，都在这种德里达命名为"书写"之名的原初分裂之上运行。不再有什么更公共的、更具体的东西了。

因此，没有重复或引用，就没有书写。同时，一种书写的哲学总是一种"可复现性"（itérabilité）和"引用性"（citationnalité）的哲学。通过这些观点，德里达不会说（这将违反常识并且完全错误），我们所说的一切实际上都是对于已经说过的话语的一种引用或重复，而在于它可能是如此这般。一切语言都假定引用或重复，作为它们的"可能性的条件"。自康德以来，对"可能性的条件"的追寻被称作一种"先验的"研究，德里达的书写哲学也是先验哲学的当代形式之一。这就是为什么，他必须不仅仅是对他的对象谈论"引用性"，还有"可引用性"（citationnabilité，该词形成于对"可复现性"的模仿），以使得能够以词尾"-abilité"的方式催生出在此类观念中所包含的

[①] 彼得·斯劳特戴克（Peter Sloterdijk, 1947—），德国当代哲学家和批评家，难以被归类。代表作有《玩世理性批判》（1983）、《欧洲道家思想》，还有对环境人文学产生深远影响的球体三部曲。其一为《气泡》（*Bulles*, 2011），对立于海德格尔的地方和空间思想，提出了一种微泡（micro-spheres）现象学。——译者注

第三章 书写哲学与言语行为

"潜在"维度,就像在"可适应性"(adaptabilité)、"可行性"(faisabilité)、"可处置性"(dispositionnabilité)之中一样。以同样的方式,正如可证伪性(或者被驳倒的可能性)在波普尔(Popper)那里是一种理论的科学性的条件,可引用性(或者是被引用的可能性)在德里达这里也是一个具有意义的话语——也就是一种语言——的"可能性的条件"。

德里达强调了发生在一个被写出的信息的"可读性"与信息的接收者或发出者的缺席(在空间或时间上是远离的)的可能性这两者之间的联系。我能够接收或阅读一封信,它的作者离我非常遥远,甚至已经死去很久了。后一种情况最经常出现于当我们阅读书籍之时。对德里达来说,这种不仅仅是接收者或发出者在时间上的远离或缺席,而更是这两者的去世(因为一封信的接收者总是会在接收之前去世)的可能性,它并不是普遍的书写和通信的一个变形。相反,在他的眼里,这两个主角(阅读者和书写者)的完全消失是书写的本质的建构成分(《哲学的边缘》,第374—375页);以至于"一种不是结构上'可读的—反复的—在接受者死亡之外'的书写,并不是一种书写"(同上)。

这里涉及一种法律点或结构点。那里没有语言,也就是说传递一种意义的可能性,除非我们说的或写的东西并不是完全地粘贴于一个语境;对于这个语境我们能够将它剥离,从而传播它,或把它"粘贴"到另一个语境里。这种可传输性或"可

105

重复性"①，是语言的"可能性的条件"。人们能够在最有利于这一主题的情况下展示这一点，那就是关于"密码"、感知的陈述和指示成分的系列实践。

密码和签名。首先，德里达指出并不存在"结构上是秘密的"代码。这种话似乎是一种矛盾，一种荒诞。这一点值得我们停留，因为在德里达眼里，它有非常重要的意义，允许我们澄清日常生活中的许多场景。一个密码或者签名，它们的功能在于阻止某些人来认识一种信息的内容，进入一些特定的房屋，或者干一些特定的事情。同时，密码或签名，它的功能在于允许其他人来做对前者禁止的事情。一个不被人知的代码，不值得拥有"代码"这个名字（这就是美国喜剧片《奇爱博士》的主题）。因此，一个代码或签名在本质上是可模拟的。人们对着他们愿意的人"签名"或"输入代码"。一个签名被做出来就是为了被模仿，或被重复的。当我们在一个文件或一张支票上签名，我们在做的是一个矛盾的双重行为②——对于这个简单的处境，人毫无疑问会有不适，甚至是荒谬的情感——它往往把我们发回到那些古老的、孩童的，甚至动物关于占有的行为，就像我们在一个领地上"留下他的印记"，可见的或有气味的。通过"模拟"我们自己的签名，我们"证实"一个文件。证实和模拟（也就是有欺诈和错误的可能性）在此是很奇怪地扭结在

---

① 拉丁语 iterum，"再次""重新（derechef）"，"可复现性"是可被重复（réitéré）的能力。
② 此外，这不是签名的唯一矛盾面：参见附录"文本概览"第24则文本"联署将先于签名"。

第三章 书写哲学与言语行为

一起的。在签名时，我们每个人通过模拟自己的签名来开始，并且应该这样做。收银员要验证我们的签名，如果模仿得不够好的话，签名会有不被接受的风险。因此一个签名（或者代码），旋即就是一种认证或者欺诈的方式，原因就在它们自身，彼此之间。无法模仿的签名将一无是处，我的每一个被我签名的支票都将被拒收。德里达在不停地沉思和追寻这个认证和模拟的眩晕扭结。我们看到，这个扭结并没有走出一种关注着惊奇和稀罕的哲学狂热精神，而是相反，存在于我们最日常生活的核心。我们花费生命在线上敲击或再次敲击那些"用户名"，这些用户名要能认证我们自己或者将我们自己合法化，它也能够被无论哪个不同于我们的人敲击出来；这就将整个认证过程突然转化为伪造过程，以至于怀疑的普遍程度在社会上不断提高。如今，在线的全部认证之前，我们还必须证实，我们并不是机器人。但是，我们还能够有多少的时间来证实这一点？我们不是应该返回到那个时刻，当时的认证变得十分可疑，以至于一切敲出正确密码的人都很可能因为怀疑是欺诈而被要求停止吗？无论是什么，德里达的话题就在于，语言在它的整体上是像这些密码和签名一样发挥功能的。语言只有在结构上是可交流的、可模仿的、可引用的、可复现性的时候，才能够发挥功能。这种通过模拟（或者占为己有）的方式来进行证实的悖论性结构，夹杂着占有和剥夺的行为，它是德里达随后称之为"可能性的条件和不可能性的条件之间的对等"的最早一批情况之一；这种对等性是悖论性的先验主义，对于它日常生活提供的例子比人们想象的要多得多。

感知陈述。可复现性也涉及感知陈述，尽管从表面上看不出来。一句话语，实际上不能在与它所谓的事物的"融合"上得以实现，而是要自原初就假定一种分离（德里达有时说成是"留出间隔"），没有这种分离就没有可能的话语。我们不能与完全在场的人交谈，就像不能讨论完全在场的事情一样。即使我们描写一个场景，在我写作描绘之时，它就在我的眼前，比如花园里，我也是要通过一个简单的描写行为脱离它；我总是在描写处于另一个秩序或领域中的事物。这就是书写哲学的普遍命题：交流，在所有的情况下假定了退步、距离和缺席。根据德里达的观点，在我们所说的和谈论的事物、谈论的人之间的原始差异，正是话语的可能性条件（在书写中更为可见，但是它在话语的其他形式中也同样存在）。从这里出发，就产生了感知陈述的结构的可复现性。刚刚被说出，它们就逃离了语境、参照物或者谈论它的主体，并能够被立即传送，或者是在另外一个语境中，以相当令人震惊的方式被重复。比如柏拉图的很多对话集都是被传达的对话。就是为了这些原因，德里达指出，胡塞尔那里（《声音与现象》）存在着一个特殊的理解幻觉（它是属于形而上学的），也就是说，在场中的理解，不仅是从对象到主体，也是从主体到自身，在一种清晰和透明的意识、一个被表达之际就被传播的声音，以及表达和接受的即时性和当下性等所汇聚的诸多确定性之中。

　　指示词（déictiques）与索引词（indexicaux）。对于一个意指（signification）的结构可复现性的观念的第三种反对，可能来自"指示词"或者"索引词"（也就是不能独立于某地点、时间或者陈述主体的语言整体，比如"这儿""现在""今天"等），尤其是代词"我"。如果实际上有一种情况，在此语境似乎完全不能独立于信息的清晰可读性的，那就是信息发出者说"我"的情况：因为如果我们不知道说"我"的主体，我们似乎很难像平常那样去简单地"阅读"信息。德里达以一种明摆的事实来加以回复：我们能够完美理解单词"我"（这里采取的是基本指示），甚至是在忽略说"我"的这个主体或者语境的情况下。他强调，"此外，*ergo sum* 引入到哲学传统之中，一个论先验 *ego*（我）的话语是可能的"（《声音与现象》，第105页）。笛卡尔的著名句子"我思故我在"用拉丁语说成 "*cogito ergo sum*"。实际上，奇怪的是，尽管看来应该是要走向另一边，我们却能够"理解"那些说"我"的句子，而并不需要认识这个人。"就像我不需要感知来理解一个感知陈述，我也不需要对对象'我'的直觉来理解单词'我'"（《声音与现象》，第106页）。德里达还补充道："这种非直觉的可能性构成了'Bedeutung'（"意指""想—说"），如此这般的普通的'Bedeutung'。"

德里达：书写的哲学
Derrida. Une Philosophie de L'Écriture

对丢失的语境的追寻

移植或引用性的理论处于讨论的中心（在《签名事件语境》中，然后在《有限公司》中），被德里达引向了奥斯汀在《如何以言行事》（*Quand dire c'est faire*，1962）一书中所发展的主题。在倾向于真和假的描述性陈述（"下雨了""我看见一只猫"）和我们不能用真和假的术语来阐释的陈述这两者之间，奥斯汀做出了著名的区分；因为后一种陈述完成了某个事件（"我买""我宣布会议开始""我宣布通过婚姻的联系与你合一"），以至于人们只能把它们评价为"成功的"或"失败的"，而不能是"对的"或"错的"。这些陈述被称作"述行的"。它们是一些行动，而不是对世界的描述。在这种"述愿的"（constatifs）和"述行的"（performatifs）之间的区分之中，德里达看到了一个论点，允许他在某种程度上松开真理的链条（述行陈述并不揭示"真"或"假"），也就是说，基本上总是能够脱身于存在和在场的暴政（因此也是直观的暴政，它始终充分保证了真理被理解为话语与事物的符合）。德里达通过在《有限公司》（第38页）一书中提取SEC（"签名事件语境"的首字母缩合词），也认为"述行性"有能力避开作为符合或解蔽的真理的"监视"。此外，德里达的可复现性或引用性概念非常接近于奥斯汀的论题。根据后者，一种描述语（énoncés descriptifs）总是在同一个句子中被一个述行语（énoncés performatifs）所复制，比如在这样的例子中,"我昨天看到他经过了"[描述性句子,对或错];"我打赌"或"我相信",或者"我确定"[述行性句子,非对非错]。因此,没有纯粹的表述句(《友谊政治学》,第241—242页):一切"描述"都可以看到自己被复制,通过一句"我说""我确认""我打赌",也可以是"听我说""相信我"这类总是或多或少清楚呈现于一切话语之中的语言成分。

然而,对于奥斯汀在《如何以言行事》中所完成的进步和他所碰到的困难,德里达同样感兴趣。奥斯汀的作品,开启了在描述语和述行语之间的明晰区分,实际上也另外描绘了一些不断增长继而难以战胜的困难;这是在两种陈述之间,它的作者在试图清晰区分或者说引进有效区分的准则倾向时,非常惊讶自己会碰到的疑难问题。其中一些困难被奥斯汀详细描述、清查和分析,但是其他一些困难被他弃置一旁。以这样或那样的方式,一切都汇聚起来,朝向我们应该在"言说行为"(Speech Acts)理论中,也就是"言语行为"(actes de parole)和"话语行为"(actes de discours)中赋予书写和口语性(oralité)的位置问题。

奥斯汀没有以清晰、确定和令人满意的方式来成功区分"述愿性"陈述和"述行性"陈述。每一次当他似乎找到了两个实体之一的特征性成分时,他也同时意识到这种成分同样存在于另一个实体中。此外,由于他的提问的本质,奥斯汀被迫踏入不断变化的社会习俗领域。在那里,描述性话语和述行性话语之间的边界变得难以把握。在《如何以言行事》的"第七个演讲"一开头，给出了一个令人惊讶的例子，它是关于"表达""借口""责备"或"赞同"的那类动词的。奥斯汀认为，"我同意"这句话是述行的。实际上，当我宣称如其所示的"我同意"时，我的确同意了这一点。我的宣言等于行为，等于赞同。然而，奥斯汀将宣言完全靠近"我感到赞同谁"，处于"描述性"陈述而非"述行性"陈述之中。当我宣称"我感到赞同您"时，人们实际上承认我正在如此这般地描述自己，有点像我在说"我肚子痛"，或者"我穿了一件羊毛衫"一样。这些句子可能全都是"真的"或"假的"，因此他们更多的是描述性的，而不是述行性的。然而，谁能够理性地愿意在日常语言中区分"我同意"和"我感到同意"呢？在此，这些语义学的思考被证实是不足够的。根据语境、声音的音调或者语速，"我感到同意"可能有一种描述或者行为的价值；听起来像"我同意"。根据情况，这两种表达将是近义词的，或者不是。任何一种语法或风格分析都不允许我们彻底解决这个问题。

随着分析的进展，奥斯汀把越来越多的重要性放在语境上，最终完成了从语义学分析向语用学分析的跳跃，他因此而备受赞誉。（也就是从基于自身来思考的话语的意义分析，跳到将话语的意义放在语境中的分析。）奥斯汀发现自己很受局限地推导出：一种话语从来不仅仅是敏感于一种用真理的或错误的术语来进行的内在分析。还必须总是认识语境，从而知道一个表面上看来最具有表述力的宣言（比如胡萝卜熟了）并不是一个秘密的信息，或者最庄重的宣言（您愿意嫁给我吗？）并不是在一个舞台剧场上被说出的。因此，"好的"或"坏的"语境的区分，"严肃的"或"非严肃的"语境的区分，是实用主义者工作中的首要担忧。这个区分尤其是关于提及（mention）和使用（use）的著名区分的基础。当我用引号引用一句话时，我"提及"它，而并没有把它占为己有；当我直接发出一句话的声音，并没有引号的时候，我是在"使用"这句话。这种区分的一个著名例子在于通过"引用"（décitation）来对真理进行定义（奎因提到的）："'雪是白的'这句话是对的，因为雪是白色的。"在句子的前一部分，在引号之间的"雪是白的"这句表述被"提及"或"引用"。

这些推理，这些区分和结论，似乎是充满了良知和可信性，然而德里达却令人意外地走向了一个完全的对立面，以至于质疑在提及和使用之间所做的审慎区分。实际上，对德里达来说，被普遍化的引用性（也就是说，一种语言的可能性条件，在于我们的话语的可引用性、可复现性或可重复的特征）应该导向结论——恰好相反于奥斯汀所达到的结论——根据奥斯汀的结论，我们不能准确地区分两种语境，其中一些是"严肃的"，一些是"开玩笑的""反常的"或者是"虚构的"。实际上，德里达想要支持的是，清晰可读性是独立于被定义的语境的。（既然这种于语境而言的独立性，正是可读性的可能条件），人们从来

德里达：书写的哲学
Derrida. Une Philosophie de L'Écriture

不能区分"好的"或"坏的"语境。任何语境（一个说话的人真实地在场，身体和精神上的健全，听众的普遍赞同，一切在场者的严肃），都从来不能保证"意义的在场"。我们总是能假定某些句子或词语在其中发挥着密码或者"示播列"[①]一样的功能，因为间谍们的工作恰恰在于不被注意到。相反于奥斯汀，德里达认为我们不能准确区分一个"严肃的"语境与一个"剧场的"语境（《边缘》，第388页），因为大部分社会仪式（比如婚礼）都是像一些小戏剧那样起作用，其中所有的接话都是预先备知的（"是的"——"是的"），也应该被准确地说出，就像在一个场景内，使得行动可以被社会化地合法化。以一种过于悖论性的方式，因此我们是被一些真实的和严肃的机构所包围着的。这些机构只能通过戏剧的诸多程式，也就是说去现实化来发挥功能。

在此，德里达以他的方式衔接上了一个古老的哲学与文学传统。这个传统自斯多葛学派到萨特，中经莎士比亚，都将人生看作一场戏剧。从这个观点出发，情境的戏剧性并不妨碍在其框架内进行的话语的严肃性。相反，一个既定的语境的真实可靠性并不阻止人们发出的陈述的可引用维度，而是经常假定它的出现。给一条船命名或者结婚，只有在很接近于某种戏剧上演的代价上，才被"真实地"做出，即使戏剧总是被思考为

[①] 示播列（shibboleth）是用来区别一个人的社会或地区背景的指标，通常是指语言特征，特别是对一个词的发音，标识为说话者是否属于某一特定群体的成员。——译者注

语境的"去现实化"的类型。命名、爱的宣言或者求婚的仪式性和操演性，只有在重复传统的和固定的公式下才能够进行。近乎戏剧的"游戏"的维度（当我们结婚时，我们在演一出戏剧），远远没有成为操演性的"严肃"和"成功"的障碍，而是其可能性的条件。因此，在结构上是不可能区分一个"严肃、纯粹和原初的"话语和一个"游戏的、非原初的、第二性的"话语。从来没有真正的开创典礼和第一次命名。比如，德里达强调了一种不可能性，它在于是否知道美国的"人的权利的宣言"或"独立的宣言""叙述"或"产生"了这些权利和这些独立性（《耳传：尼采的教育和专有名称的政治》，第20页）。

因此，德里达邀请我们见识到，即使这要求一种真正的注意力，在提及和使用之间的区分的不确定性或脆弱性，这种区分以另一种方式质疑了对语境的参考（既然根据它，意义具体说是通过脱离文本才能被确定）。人们从来不能以一种完全的确定性来了解一个词语，或一句话是否是被正常"使用的"，还是"被提及的"，也就是被引用的。我的每个句子都是作为一个密码在发挥功能（比如"秋天的小提琴的长长的啜泣……"），这种可能性总是开放的。在《存在、虚构与证词》一文中，德里达强调了这一点：

人们能阅读同一个文本（因此它从来不以"自在的"方式存在），将之作为一种所谓严肃和真实的见证，或者作为一种档

115

案，或者作为一个文件，或者一种症状——或者模拟了我们刚列举过的一切状况的文学虚构作品。因为文学能够说出一切，接受一切，忍受一切和模拟一切，它能够假装成诱饵。①

"我总是说着自己，却没有谈论我自己"，这是可能的（《激情——"倾泻的奉献"》，第91页）。其实，语境从来不能完全揭开秘密。一个哲学作品可能是一篇被伪装的忏悔录或者一封情书。在《我所是的动物》（第108页）一书中，德里达为此提炼了术语"自传哲学性"（autobiographilosophique），它由"自传的"和"哲学的"两个词语构成，来定义笛卡尔在《方法谈》和《第一哲学沉思集》中的姿态。在《论言语：哲学快照》（第10页）一书中，德里达宣称"自己以一种确定的方式被说服，一切文本都是自传性的"。在《环告录》（第70—71页）中，他揭开了事实的面纱：他的所有哲学都可以被看作是一种自传，一种忏悔录或对自己的沉思，关于他与他的犹太籍、私生活乃至割礼之间成问题的联系。

---

① 《存在、虚构与证词》，见《文学的激情》，第22—23页（«Demeure. Fiction et témoignage», in *Passions de la littérature*, Paris: Galilée, 1996）。德里达经常谈到"见证"的问题。参考附录"文本概览"第14则文本："技术与见证"。

书写的述行性

通过对书写与口语之重要区分的引进，著名的"明天我们免费刮胡子"似乎带来了一个论据：反对书写的哲学。如果理发师今天对我高声宣布，"明天我们免费刮胡子"，那么第二天我会直接来找他，要求他给我免费刮胡子。如果他拒绝，我就会抱怨他。如果现在，我在理发店前面的一个布告牌上读到同样的一句话，那么我就有某种承诺对我发出来了印象。但是，当我第二天来到这里免费刮胡子时，布告牌还是在那里，同样的信息还写在上面，那么我会认识到我是受到了愚弄。然而，我们立即同意这个故事有一种价值，因此会认识到，只有"在场""高声"作出的承诺是有用的，而通过书写来做的承诺并不是一个真的承诺，在其中的指示词"明天"只是漂浮着的，"明天"这个日子并不给出一个具体的规定，可能会被一天一天地往后推迟。

另一边，我们许多的社会行为似乎显示出相反的一面，我们把更多的价值给予记录下来的介入，而不是高声发出的介入。就像我们知道的，"言辞飞去，著作犹存"。尽管仍然存在着一些口语介入就足够了的情况（在某些家具市场，人们会"拍板"同意，这就等于是全部介入了），最常见的观点在于真正的介入，是通过被书写的合同来确定的。这些合同经常是极其具体的，其中术语很少会被考虑到。无论涉及的是租房子，银行借贷，下载应用，我们都生活在书写介入的原则下。也就是说，与一个口头的简单介入相比，我们总是把一种操演的优先性赋予了一种书写行为（伴随着他的签名，还有比如"我保证"之类的术语，即使几乎无人会觉得真的能够签订一个如此这般的公约）。

这在本质上是一种引人注意的，也是相当出人意料的不确定性。从根本上说，按照这些情况，我们有时是柏拉图主义者，卢梭主义者，奥斯汀主义者，即在场和声音的形而上学家们：在这些场合，我们只有在场以响亮、充满智慧的声音宣布承诺和誓言时才能够真实介入。就像我们在法庭上看到的那样，当见证人高声地举手宣誓，在审判团面前站立，或者当美国总统上任后，在全世界人民面前，把手放在《圣经》上宣誓。人们只能想象（人们绝不会接受）总统用书写的形式，发出一封信或"推特"，或者通过电话来发出誓言。然而，在几秒钟之后，返回到我们自己的事情上，我们就完全颠覆了我们观看的方式和期待。当涉及的是那些商业合同或者国际条款时，我们更能接受书写的文本，被签名的，或者被记录下来的文本。在这些场合，令人注意的是，总是上演着签名的伟大喜剧：我们庄重地带来一本大书和一支漂亮的钢笔，总统或者大使们签了名，署上他们的花押，在法警轻轻按压吸墨之前，油墨不会形成污渍。如果其中一个活动家拒绝"签名"，那会让全世界的人感到失望；甚至会颠覆一批已经成形的协议。书写型介入的优先性上演，在这第二种情况，就像第一种情况中口语介入的优先性上演一样明显。

从德里达的角度来看，用墨水笔和垫写板签名的喜剧演员也是形而上学家，就像那些在所有人面前站立着大声宣誓的喜剧演员一样。以损害书面文字为代价来重视声音，或者相反，以损害声音的方式来看待书写，这都是在实践着一种对良好起源、对关键词、对诸多概念的内在等级制的追求，这些追求对象正是德里达提议我们远离的形而上学态度的特征。然而，这种对书面宣誓和口语宣誓（接近于上文提到的博德利图书馆的场景）的相对有效性的犹豫不决非常重要，且已经足够引人瞩目，以至于我们要在此停留片刻。

述行性（performativité）的论点在于承认话语与上下文、事件之间的特权联系，因此以"言语"或"口语"作为言语行为的主要模型。这是由于人们不能忽视的生理原因，即使它们从未被作者提及。我们不能像"闭上眼睛"那样"闭上耳朵"（因为我们的耳朵上没有眼睑的对等物），也不能"转移耳朵"就像"转眼视线"那样（因为声音向所有方向传播，这有异于影像），一旦打开就不要阅读它。如果不是主动倾听的话，我们就是被迫听到对我们"说出"的东西；就如同，我们很可能做到：要么不打开一封别人"写给"我们的信，要么打开后不阅读它。因此，对于耳朵而言的声音的述行性是生理上的、自然的，也比对于眼睛的书写的操演性更为强大。确实，主要是通过话语、

德里达：书写的哲学
Derrida. Une Philosophie de L'Écriture

说话、大声说话，我才可以干预、打断话语、侮辱、引导人群等。挥舞着一封信，若要获得同样的效果，要困难得多。因此，毫无疑问，从中产生了这种口语比书面语更有力量的古老感觉。总的来说，德里达在奥斯汀那里，找到了关于这种古老而自发的立场的足够线索。这就是为什么德里达在《有限公司》（*Limited Inc*，第122页）中强调了《如何以言行事》中的一段话。奥斯汀在那里说到："为了简单起见，始终将自己限制在口头表达上。"[1] 奥斯汀的这番表态不仅包含了对拥护话语的立场的明确声明，还包含了这个小小的理由（"为简单起见"），既表明奥斯汀以他极大的哲学敏感度，也很准确地感觉到了可能存在的问题（因为他觉得有必要对以下令人惊讶的现实给出理由：在一本关于"话语行为"或"言语"的书中坚持"口语的陈述"，而我们的话语很大一部分是"书面的"而不是口头的）。而且，通过精神分析学家不会忽略并揭示为"次要理性化"或"审查"甚至否认的姿态，奥斯汀提供了一个没有任何价值的"解释"。那么，人们为什么要在这些事情上把自己局限于"简单的"事情呢？相反，奥斯汀在他的整本书中继续闪烁其辞。德里达则选择强调奥斯汀的这一简短但非常重要的声明，从而清楚地看到：奥斯汀是千禧一代对声音价值的延续者，他也不想以任何方式让自己对此产生丝毫怀疑。

---

[1] 奥斯汀：《如何以言行事》，第114页，原文信息：J.L.Austin: *How To Do Things With Word*, p.114.

第三章 书写哲学与言语行为

事实上，当一个人通过注意奥斯汀用谈论话语（discours）的词汇的方式来阅读他时，就不能不注意到后者使用的词汇几乎只是指言语（parole），"说""陈述""发音""声明"等。有时候，奥斯汀认为有必要去具体或详细说明其与写作的关系，这一事实恰恰证明，对他来说，言语行为的一般词汇，自然是发出言语而非写作的口语性的、声音的、事件性的词汇。通过使用在书面演讲中指定的动词，或者至少是那些对口头话语和书面话语同样奏效的动词来重写《如何以言行事》是非常困难的。引入一个陈述句的"普通"方式（对于奥斯汀来说），是说出一些东西，比如"当我说'P'时"，"当我们说'P'时"，"当我宣称'P'时"，"当我们宣称'P'时"，"如果我陈述'P'"，等等。我们几乎从来没有在他的作品中（在他的笔下）找到"我写'P'时"所引入的陈述句的例子，"当我们写'P'时""当有人写'P'时"更是如此。当然，如此这般的意见不能假装成证据，甚至不能假装为真正的论据来支撑奥斯汀的话题。根据这个话题，述行性被放在口语而非书写中，然而它们同样都是一些线索。

生理方面的考虑并不是唯一的原因，可以解释为什么我们将话语行为的述行性更多地与声音而非书面文字联系在一起。奥斯汀采取的这种"形而上学的"立场受到了德里达的批评，并不缺乏其他论据。书写的述行性确实提出了一个与书写事件性的复杂本质相关的问题。例如，"所写"的内容，以及这是

121

德里达：书写的哲学
Derrida. Une Philosophie de L'Écriture

"所写"的事实本身，就正是"命运"的同一个标志（我们在《宿命论者雅克》和大多数东方故事中都可以看到这一点）。命运几乎总是以"这是（书里）曾经写过的"的形式来表述的。"所写"的东西不会自我改变，因此，就其所写的简单事实而言，它是命运或宿命的极佳形象。

但将命运与书写同化，这就是否认书写存在的一种述行性。从这个角度来看，命运或书写确实被认为是固定的、预先安排好的，沿着时间道路的各个阶段，总是已经在那了。在某种程度上，这可归结为以下观点：将书面文字视为"死亡的"，无法"行动"的。如果一个人通过"行动"来理解它（就如同他应该这样）：开启某种强烈的、新的和不可预测的事实，比如爱的宣言、求婚、承诺或命令等。但如果没有真正的新奇事物，如果一切都已经存在，我们还能谈论"话语行为"吗？在我手中的这本书中，所写的一切都是"已经在那儿了"，总是已经完整地在那里。推理，只有当我成为作者正在玩的游戏的帮凶时，这有点像一个人避免阅读阿加莎·克里斯蒂的最后一章，以免最后才知道凶手；我才能被一个"情节的转折"、一个处境的翻转或者一个推理的意外结局所惊动。但是，最后一章"一直都在那儿"，它从远处，提前预告了整本作品。就像在"明天我们免费刮胡子"的寓言里，那些陈述的述行性似乎一旦写下就立马消失了。

然而，对这个关于剃刀（与"锤子"一样著名的哲学工具）

的故事，人们可以提出另一个结论，少一点奥斯汀式的，多一点德里达式的。如果确实满足所有条件（也就是说，如果涉及的是正在办活动的理发师，正对公众开放，而不是在一个长期关闭的商店外墙上发现的旧通知），并且如果一个在商店门前的牌子上告知"明天我们免费刮胡子"的话，我们完全有权第二天过来，要求刮胡子。只要能够证明（例如通过证人或照片）该牌子在前一天是清晰可见的，因此它的存在就构成了对第二天的承诺。大多数时候，我们将会抱有一种荒谬的担忧，但这并没有从根本上改变任何事情。因此，一个书写的作品可以完美地包含那些定位和干预它的指示词。反之，口头承诺也可能是骗人的：如果一个既没有商店也没有剃须刀的假理发师，让我相信他是理发师，然后用响亮而清晰的声音告诉我："我们明天免费刮胡子"，他的承诺，尽管全是口头的，都将无效。此外，我们可以通过书面或口头方式，来作出声明、下达命令、作出承诺、进行干预。

因此，如果生理论点和从那些流行故事中提取的论点，可以说明为什么口语似乎比书面语更适合作为话语行为和述行性的载体，那么对日常情况的分析表明，实际上书面语和口语同样有利。将它们严格放在同一位置上，使得写作和口语的界限可以清楚地被标出。口语并不比书面语更具有干预力或更具有自然的表现力。书面合同与口头合同一样具有约束力。但是这个命题必须颠倒过来才是完整的：书写的干预力并不比口语强。

最详尽的合同也不会包含一个对方必须遵守的条款。书写也和口语一样，都不能封闭在一个自我合法化的循环中。最好的律师写的几百页合同，无论是在承诺还是在执行力方面，都不比两个朋友之间达成协议的握手更有价值。因此书写哲学的观点，无疑使得批评奥斯汀关于话语（或言语）行为的理论所包含的"形而上学"或"语音中心论"的自发立场成为可能。但这将有可能针对任何高估书写的述行性（在我们的超级契约社会中可见）提出同样的批评。从这个角度来看，可以再一次地说明，没有必要优先考虑言语而非书写——言语及其所有表现力，只不过是最一般意义上所理解的书写表现的众多显现之一，即在一个远离自己（这一距离永远不会被填满）的地方产生意义。

书写和言外行为

奥斯汀一旦放弃了对形态学的、语法的、文体的或语义的标准的探索——这些标准使他突然能够将"述愿语"与"述行语"区分开来，他就决定根据"言内行为"（locutoire）、"言外行为"（illocutoire）和"言后行为"（perlocutoire）这三个新范畴，来描述他对话语的分析（从《如何以言行事》第八次演讲开始)。①区分"述愿语"与"述行语"的研究,并没有完全在书中消失,奥斯汀经常返回这一点。然而,诉诸于三个新范畴,并不能让他建构或发现所寻求的试金石。书的基调逐渐变化。前一部分既有成功也有失败的推进,让位于一种踌躇不决的原地踏步走。所有对"言内行为""言外行为"和"言后行为"的反思,都与奥斯汀在第八讲开始时给予它们的呈现方式一致,是一种巨大的离题,或者插入语。在其中,奥斯汀想知道"当我们在说某事的那一刻是在做某事"这到底意味着什么意思?但是,这个标明了插入语的伟大括号永远不会关闭。奥斯汀既无法阐明他正在问自己的这个新问题,也无法使用这个问题的可能答案来回答第一个问题——这个问题是整本书的基础,即区分"述愿语"和"述行语"的可能性。

德里达对这些犹豫和困难的解读也许可以更好地理解它们的必要性和结果。奥斯汀从他觉得发现了或者重新发现了的区分开始,希望在一段时间内明确区分那些"说"的话语(描述、观察,可能是"真"或"假"的话语)和"做"的话语(洗礼、结婚、应许、命令,非"真"非"假",仅仅是"通过"或"错

---

① 根据英国语言哲学家约翰·朗肖·奥斯汀(John Langshaw Austin, 1911—1960)及其门徒约翰·塞尔(J.R.Searle, 1932—)等倡导的言语行为理论,我们说话是在实施某种行为,说话者说话时可能同时在实施三种行为:言内行为(locutionary act)、言外行为(illocutionary act)、言后行为(perlocutionary act)。言内行为是说出词、短语和分句的行为,通过句法、词汇和音位来表达字面意义的行为;言外行为是表达说话者意图的行为;言后行为是通过某些话所实施或导致的行为,它是话语所产生的后果或引起的变化。——译者注

过"的话语）。然而，这种区别很快在他眼前模糊，"述愿语"和"述行语"之间没有表现出任何可识别的物质差异（例如："禁止吸烟"，可以被视为述愿语，因此是真或假，也可以被视作述行语，也就是说像一个命令或辩护）。奥斯汀也面临着话语的另一种结构："说"和"做"之间的区分并不能被剖解为话语的不同范畴，它们是可在所有话语中同时出现的。这种新的观念非常不同于前一种观念。"说"与"做"，没有被分成话语的子范畴，而是在每个话语中彼此叠加。

　　因此，我们可以理解奥斯汀的困惑。他想区分去"说"和去"做"的话语，他意识到任何话语，通过"说出"某事，在同时"做出"其他事。因此必须放弃根据"说"和"做"来区分话语的类别。从德里达的观点来看，人们可以说，奥斯汀应该意识到，一切话语都在原初意义上被分解为"说"和"做"，换句话说，分裂，脱离自身，立即开始与自身差异化。简而言之，奥斯汀刚刚遇到了书写或原书写的哲学（无法命名它，因为它还不存在，因此是"先于文字"的）。根据这种哲学，一切现实都存在于原初的分裂或差异的模式之中。奥斯汀在德里达的阴影下绊倒了。

　　从这个观点来看，奥斯汀有关在言内行为、言外行为、言后行为这三个新类别下考虑话语的提议，可以被解读为一种理论反应，其功能是提供保护，以防止这种发现或这种思想。与最自发的本体论（根据本体论，事物必须先从简单开始，然后再以逻辑开始）相比，奥斯汀引入的三个新类别因此具有保留传统的可能性的功能。一种现实的"原初区分"的观点，与最自发的本体论是不适应的（根据这种本体论，事物在自我分化之前应该是"简单的"），甚至与逻辑也是不适应的。奥斯汀引入的三个新范畴功能，既在于保护传统本体论的可能性（德里达曾经指称道：简单性、在场和声音的"形而上学"），也在于隐藏人们刚刚在其他更可接受的可能性中感知到的奇怪和令人不安的结构。

因此，在语言中指定简单地"说"的"言内行为"，允许我们继续相信一种话语，它从简单的状态开始，无非就是一个话语，不会从一开始就自我分裂。以他一贯的诚实，奥斯汀会认识到这是一种幻觉或幻想（他会说成"一个空想"），无疑也不存在"纯粹言内"的层面，在那里，话语满足于作为一个不"做"只"说"的话语。因此他在《如何以言行事》的第十一讲中宣称："言外行为一般说来，只能是一种抽象／空想：每一个真实的话语行为都同时包含这两个元素。"奥斯汀在这里采用的表述（尤其是对"真实话语行为"的唤起）清楚的表明，他希望在言内行为和言外行为之间保持一种平等的平衡，他不想看到言外行为（一个人通过说来行动）成为语言理论的真正核心，因为它谈到了语言的原初双重性。"言后行为"又增加了一个假窗口。"言出为行"的范畴是极其模糊的，与话语分析的关系非常遥远。当我通过说一些好话来"作出"赞美时，我是在"言

127

外行为"中。然后，这个恭维是好是坏？我会成功还是不会赢得这个人的好感？有一天我会嫁给他吗？我们会生很多孩子，我们会幸福吗？这些后果（言后行为）不是来自话语分析，而是来自文学或社会学。

因此"言内行为、言外行为、言后行为"的三角，建立了同样具有误导性的对称性和进步性（有点像"可能的""真实的"和"必要的"，根据康德和许多其他作者的诸多"模式"的范畴）。真正重要的范畴，融合了《如何以言行事》和书写哲学的观点，即原初区分的观念，就只是"言外行为"（当我"说时"我在"做"）。从这一点来看，奥斯汀的犹豫可以用这样一个事实来解释，即他会预见到一个事实：言外行为的范畴非常矛盾，可能会威胁到话语行为本身。确实，在阅读《如何以言行事》时，人们清楚地意识到，奥斯汀对特定于话语的行为的特殊性存在本身，在总体上持怀疑态度。他越是思考人们能通过"说"来"做"的行为，在他面前，除了少数罕见的例外，这些行为就越是"做的"而不是"说的"。他越是思考"话语"能做什么，就越矛盾的是：述行性的概念在他的眼前像涓涓细流一样缩小，（根据德里达的观点，我们可以说：奥斯汀不断地意识到这一事实，即言语本身能够真实地完成某事的情况是极为罕见的），这可能导致他不仅质疑"言语"行为或"话语"行为的优越性，还质疑它的特殊性，甚至它的存在——当一个人开始着手在一本书中分析"言语行为"并取得进展时，这显然是一个特别难以接受或假设的结论。

"说"实际上并不是唯一一个在"做"中进行原初分裂的。奥斯汀的发现掩盖了这样一个事实，即每一个行动，不仅仅是话语，最初都被分解出第二个行为。在"当说就是做"的旁边，还有一个"当做就是做"，一旦看到，就会发现它更加笼统。做"一个单一的动作"，确实是不可能的。我们总是至少同时做两件事，就像在言语行为中，我们总是在说话的同时"做"其他事情一样。

假设我种树。为此，我必须了解一些农业的基本规则，打一个大小合适的洞，在正确的季节种植、浇水、施肥等。类似于"说话"：要做出正确的句子或演讲，具备意义，我必须遵守语言规则、习俗和发音等。但是，除了实现行为本身所必需的这个维度（我所说的"言内行为"的水平，我所做的事情的"事实性"）之外，我的行为必须还有另一个维度，与第一个维度完全不同，奥斯汀称之为"言外行为"，它指定我们"通过说"来做某事（《如何以言行事》，第113页），为了继续平行，这可以被称为"不活跃的"（infactif），因为它指定了我们"通过做"什么来行动。

这第二个"做"，第二个"行为"，必然如影随形（无论是"言"还是"行"），彼此不能脱离。事实上，种树不能是"非常简单地"，即不同时做另一个动作，而且通常是有意识的，这也是我种树的最常见原因。人们可以想象或多或少接近行动本身的动机，但永远无法完全压制它们。例如（相近的动机），我们种植树木是"为了"有树荫或木材。但是我们也为了躲避我们的邻居而种树。这里的动机更加遥远和松散（因为我也可以用墙来隐藏自己），但它或许是非常基本的。最终我们可以，以奥斯汀为言语行为所做的印象，来想象第三个层次，"言后行为"（perfactif，源于"言后行为"）。当我种植一排树（"活跃的"动机）时，我躲避了邻居（"不活跃的"动机），并且通过给他遮荫来激怒他（"言后结果的"。相反，他也可能欣赏我的树木为他提供的避风所……）——就像当我说"你工作得很好"（"言内行为的"），我在恭维（"言外行为的"），我在取悦我的对话者（"言后行为的"——他也可能对此感到不快，并发现我的恭维有点家长作风）。

因此，语言并没有表现出相对于我们被引导执行的其他行为的任何特殊性。我们总是"通过做某事"来做其他事情，就像我们总是"通过说某事"做其他事情一样。两种"行为"之间的这种区别使得我们可以更好地理解"承诺"的本质，这种现象对于"言语行为"的整个理论来说非常重要。确实，"承诺"只有在不忽视它所包含的"其他行为"，并且不能不包含的条件下才能正确理解。我承诺一般地"解决问题"，或者像唐璜那样"为了引诱一个女人"，或者像一个政治人物那样"使我赢得竞选"。简而言之，总是考虑到我目前的优势，以换取我与之承诺的人的未来优势。我们不能认为这个"第二行动"会出现

第三章 书写哲学与言语行为

在一个"纯粹的承诺"之后，它只是对未来的介入，它会是第一个承诺的"第二的"或"随后的"，这将是一种"寄生"性的"附带损失"，甚至是一种"倒逆"，并且我们可以区分这两种行为，一方面为纯洁的承诺，另一方面为其不纯的后果。德里达帮助我们批评"纯粹的承诺"。"活跃的"动机和"不活跃的"动机在所有行动中都表现出密切的联系，就像所有话语中言内行为和言外行为的紧密联系一样。

从所有的这些结果中，无论乍看一眼多么奇怪，都在质疑"言语行为"中本身"说"的必要性。当新婚夫妇对市长的问题说"是"时，言语行为几乎没有，而是可以用点头代替（例如，如果配偶中的一个是无声的或哑巴的）。同样，人们可以很好地想象，国民议会的一个会议由一个发光信号（绿灯？）来开始，免得总统一遍又一遍地重复同样的事情（就像在录音棚外，红色灯表示您不应进入）。在拍卖中，一个人可以通过一个手势（举手或倾斜头），像口头发言一样来出价，也就是说，通过"如此这般的言语行为"来出价。人们对这些例子的分析越多，对它们的反思越多，"言语行为"的类别似乎就越能被完全吸收，重新吸收到一个更一般的"行为"或行动理论中，一旦认识到，"做"对"说"的重叠，只不过是一切"做"被另一个"做"重叠的一个次要和偶然的方面。正如面对面的口头交流被证明是远程交流（远程交流或写作）的一个特例一样，言语行为理论，以言外行为为中心的观念，结果证明只是语用学的特殊案例，甚至是原初差异的本体论——德里达最常给它起的名字为"书写"——的一个案例。

第四章
对文本的阐释

理性解药和毒药

在德里达的众多文本中,读者不时会发现自己面临着德里达对理性的"解构"与非常具有示范性和学术性的维度之间的明显矛盾。在似乎竭尽全力摆脱理性的控制(文字游戏,口头声明,音节而非概念的结构,被删减、截断、难以理解的片段……)的某些文本之间,这一对比确实非常鲜明,例如《丧钟》《散播》《绘画中的真理》《明信片》,以及在其他文本中,德里达毫不尴尬地给教授、导师披上学术科学性捍卫者的外衣,以生动而严厉的方式向许多其他哲学家指责他们的不准确、缺陷,在引用或版本选择方面缺乏严谨性、翻译的近似性,直到缺乏学术伦理(例如,在《我思与疯狂史》里他与福柯讨论,与列维-斯特劳斯辩论,在《我所是的动物》里与列维纳斯讨论动物的"面孔"主题,尤其是在《有限公司》里和塞尔(Searle)的讨论,这些对他就构成了在学术阐释和讨论方面支持学术实践的宣言)。

德里达这些难以判定的文本的存在,常常成为他的反对者不重视其论辩文本的轻松借口。为了诋毁他作为哲学家的名声,德里达的反对者经常强调他富有修辞的诗意文本充满了陷阱和圈套。理性的解构只能是哲学自我毁灭的一种形式。德里达会写出介于文学、诗歌和哲学文本之间的混合文本,这些文本不值得被真正的专业哲学家认真对待。在盎格鲁—撒克逊世界中，德里达的研究因此大多局限于"比较文学"系，而"哲学"系则保留了更多的分析性和逻辑性指向。无论如何，"文学"（更加起伏和女性化）和"哲学"（更陡峭和男性化）之间的等级化区分，验证了德里达的大多数诊断。

对自身进行解构显然是公平的游戏。自哲学史开始以来，一定数量的哲学反驳都求助于这一过程。例如，有人认为"相对主义的"（relativiste）观点必然是"相对的"（除了自相矛盾），不可能完全或绝对是相对主义的，因此相对主义者不得不强迫自己的立场相对化，并提前认识到相反的（非相对论的）立场是可能的。同样，人们可以反对"怀疑论者"这样一个事实，即怀疑论如果被推到极限，就必须适用于怀疑论本身，从而削弱自己。因此，坚决持怀疑态度是前后矛盾的。对解构的批评也遵循类似的路径。人们会说，"解构"摧毁、击败、瓦解理性，展示了理性的极限和失败，扰乱它，并在无休止的游击战中与它作斗争。因此，解构不能依赖于一个表现出完全脆弱性的理由，因此，解构不能声称没有矛盾地进入伟大哲学的法庭，甚至进入哲学本身。解构因此会沦为文学的、诗意的、俏皮的话语，禁止自己使用理性和科学的手段。这无疑是德里达的哲学以及德里达本人，有着如此奇怪的学术命运的原因之一。德里达在法国一直无法获得"大学教授"的称号，这是一个几乎令人难以置信但又非常真实的事实。他也是外国大学拒绝的对象：例如，1992年，包括美国哲学家奎因（W.V.O.Quine）在内的著名学者们签署了一封反对信（最终没有成功，但这事实本身意义重大），反对将剑桥大学名誉博士的称号授予德里达。这是一场根本性的冲突，关系到哲学的本质和局限。很简单，某些哲学家有拒绝"解构"成为哲学一部分的权力。

这些冲突是尖锐的，从来没有提前中断过。我们支持德里达的解构应该进入哲学史，在其最经典、最古老、最传统的意义上，而且它绝不会与文学的、非论证性的话语相混淆，尽管表面上如此。首先，强调理性的错误或局限的事实绝不是"非理性的"态度的标志，恰恰相反。人们完全可以想象科学和理性的研究，它们旨在确定理性能够做什么，不能做什么。或者我们可以想象这类科学研究，它们关于情绪或感觉能教给我们什么，并且它们是唯一可以教给我们的。没有人会认为这样的研究会是"非理性的"。如果我们将理性视为一种分析和探索的工具，那么尽可能准确地衡量这个工具的能力和局限性，并没有什么"不合理"的。历史上试图确定理性限度的许多哲学或学说绝不是不合理的。例如，帕斯卡在诸"实体"和"仁慈"之间对"秩序"的理性进行限制，判断笛卡尔在证明上帝存在的野心中"无用和不确定"，将蒙田的怀疑论与自己对立，但仍然保持自身为一位伟大的数学家，并且在《致外省人信札》里无可挑剔地反对耶稣会士。休谟证明了"因果关系"的关系，即"两个现象之间的必然联系"在自然界中是找不到的，因此使得"因果关系"始终是一种"信念"的对象,而不是推理的对象。

但是为了确立科学理性的这种局限性,他以最理性的严谨研究了所有可能反对他的反驳论点或反例。事实上,休谟从未停止过推理。康德以理性的方式"批评"了"纯粹理性"。对他来说,这是以自然倾向方式将理性引向最初原因的纠正,从而推动理性离开经验的土壤,迷失在形而上学的"热情"中。然而,通过限制"纯粹理性"的主张,康德并没有表现出不合理性:相反,他为自己设定了将完全的科学性归还给哲学理性的目标。当弗洛伊德断定,我们为了将选择合法化而推进的"理性"是"第二位的理性化",这是以对人类心灵的解释模式进行系统和科学的结构化的代价(假设和反驳,对抗经验,必要时进行理论修正)。从根本上讲,弗洛伊德是理性主义者:《梦的解析》被构建为科学论文,包括问题状态,参考书目,诸假设的比较,支持和反对的论据、总结、结论、支持论文的例子等。如果要成为一个相对主义者或怀疑论者而很难看到这些命题是自相矛盾的,那么在理性的限度问题上,情况就大不相同。

德里达在这里无疑会接近康德。实际上,在关于现象的"可能性的条件"的持续研究(比如,"缺席"的特征化,作为书写的"可能性的条件",因此也是语言和意义化的结果;或者将法律的暂时"暂停"作为法律适用的"可能性的条件")上,他的哲学显示了一种纯粹"超验"的导向。就像康德一样,也

第四章 对文本的阐释

和之前的许多哲学家一样，德里达隐蔽地区分了"理性"（raison）这个词的两种含义。一方面，理性是一种工具：它是逻辑的使用，是连贯推理、引导论证或论证完成、考虑反例或反对意见的能力。从这个意义上来说，德里达始终是理性的。关于理性和论证的机制，我们从来没有发现他有丝毫的批评或退缩。相反，他从未停止使用它们来捍卫自己的论点、解构对手的论点。另一方面，理性几乎是一种宗教：它是把理性作为神性，与信仰的神性相对立的事实。这就是德里达所说的"逻各斯中心主义"，这相当于使理性成为所有思想和所有现实的最高法官。正如德里达表明的那样，这种逻辑中心主义永远会伴随着"在场的形而上学""语音中心主义"乃至一系列等级概念的组合。这种理性崇拜是现代西方的特征，它解释了它的扩张性和殖民化维度，同时也解释了普遍主义。像康德一样，德里达将表明这种普遍的事业失败了。对于康德来说，理性不得不将自己封闭在荒谬或循环推理（这是《先验辩证法》的对象）之中。它的所有形式，几乎总是会遇到在同一系统中被赋予矛盾含义的词。最著名的例子是在《论文字学》中发展起来的"书写"这个词本身。以逻辑为中心的哲学家（例如柏拉图或卢梭）对"书写"一词赋予了两个相互矛盾的含义。一方面，书写是一种技术（模仿声音），通过它我们在各种设备（笔／纸、计算机／屏幕）上记录字母、单词和演讲。另一方面，它意味着在我们心中或在神性，即原始的"记录"的本质在场。书写在第一种

139

情况下贬值,在第二种情况下被重视。但是哲学家们并没有注意到这个矛盾,也没有给自己提供手段(假设可以提供)来区分"好的"书写和"坏的"书写。从整体上看,德里达的哲学在于将这一评论延伸到非常多的词语上,比人们转念一想的可能要多得多,从而表明最关心理性的哲学家无法关注众多的模棱两可或不确定的案例,它们总是提前、已经削弱了他们的话语。

不可确定性

解构,宛如佩内洛普的作品(尤利西斯的妻子"数个世纪以来都在拆解她的布匹"),对德里达来说,从《柏拉图的药店》的第一页开始,它在于指出实际上存在于普通语言(哲学家唯一可用的语言)中的各种形式的不可解决性,并组织那些巧妙的、时常有趣的新词("差异""解构""环告录""耳传"),以进一步扩大这种不确定性。

普通语言的术语本身往往是无法确定的,或者其组合是无法确定的。德里达文本的标志是不确定性的陈述,考虑到所有语言的来源,注入了这一事实的不确定性,比我们在自然语言的术语和转折里愿意相信的要多。"Autour"将指定的也是那从空间上"框定"的东西,以及"谈论"某物的事实。因此,"我围绕绘画写作"可能意味着"我在书中围绕某些绘画来编排某

第四章 对文本的阐释

些文本和段落",也可能意味着"我要谈论绘画"(在《绘画中的真理》中)。"Bander"的意思是"用带子缠绕"(当缓解扭伤或减少骨折时),但在更熟悉的层面上也指勃起。也就是说,关于某些"本体论"陈述的自愿的不确定性,在德里达那里与存在有关:"存在",实际上是"连接"一个主语和一个谓词,将它们连接在一起,或"捆绑"在一起,因此出乎意料和不尊重,但从逻辑的角度来看又是可接受的,存在于"存在"和"束缚"之间的等价性,就像"思考"(penser)和"包扎"(panser)之间的等价一样。"Contre"的意思既是"连续",也是"反对":我"contre"你,这可能意味着"我是你的敌人",或者相反,"我们肩并肩"。"Donner"通常表示"赠送礼物",但也可以与"prendre"同义(在表达"给予"或"取"的例子中),甚至是"背叛"(当"赋予"一个同谋时)。"Double"可以表示"两倍"和"相同"两种意思。我的"替身"是另一个我,但它不是我的两倍。"双重"一词特别典型地体现了德里达的"增补"(supplément)或"寄生"(parasitism)的逻辑:我的"替身"被添加到我身上,它是另一个,它在我之外,但它可以充当我,代替我,他在我里面,他几乎就是我。"Entre"既可以表示分离,也可以表示连接:"我们之间没有任何关系",可以表示"我们不保持联系,我们彼此陌生",或者"没有什么能分开我们,我们紧密相连"。"L'hymen"呈现出同样的歧义:处女膜,它表示"童贞",但也表示废除童贞的"婚姻"。"Milieu"表示包围一些

141

个体的周遭（"他们属于同一个环境"），也表示"维持"两个个体之间的东西，彼此距离相等。"Pas"是高度不确定的，取决于一个人是否考虑"步行"的事实（采取步骤），或在一个句子中使用否定的事实（ne...pas）。德里达从未停止过这种不确定性，使得他的文本的许多段落几乎不可能翻译。在《海域》（*Parages*，第56页）中，"il marque le pas"既意味着"他停止了他的进展"，也指"他强调了步骤"。在这些例子中，"提及"和"使用"之间的区别变得模糊，无法再维持：我不知道，我无法知道，我是在谈论步行者的"步子"还是否定词语"pas"，换句话说，我无法知道我是在使用这个词，还是在引用它。一个术语的"使用"和"引用"之间的这种不确定性一直是德里达感兴趣的，尤其是在他对日常语言的争论中。

"Pharmakon"既指解药也指毒药（很像法语的"drogue"或"dopage"）。这种不确定性可以与德里达在"寄生"或"增补"中展示的所有内容进行比较：基本上，我们不知道如何定义"drogue"，但它是我们社会的主要问题之一。"Plus de"矛盾地意味着"更多"或"超过"，因此表明加法和减法之间存在着惊人的不确定性。"reste"的不确定性在《丧钟》得到了广泛的开发和研究。"reste"（剩余）是一个人放弃或留下的东西，它不再重要，几乎什么都不是，因此是非存在的近似；还有抵抗的东西，剩下的东西，因此是对存在的良好近似。"Reste"将因此适合德里达的矛盾的、不可判定的、解构的本体论。它是"书

第四章 对文本的阐释

写"的名称之一（"言辞飞去，著作犹存。"）。"Sur"包含了"autour"相同类型的不确定性："écrire sur le support"（写在介质上），既可以指写在明信片的背面，又可以指关于明信片的书写，更一般地说是关于书写。一个人总是在书写的介质下写作。"Usure"也是一个具有丰富含义的不确定性术语，由德里达在他讨论利科的论文（《隐喻的撤回》，收录于《心灵：他人的发明》一书）中提出：穿着是"成为—被使用"或"成为—使用"，例如衣服。但它也是高息贷款，是"剩余价值的生产"。因此，"usure"（高利贷/损耗）既表示贫困，也表示丰富，同时还是减少和增加。

这种普遍的不确定性允许德里达提出复杂而不可磨灭的复调，其模式无疑是在《海域》（第236页）里对布朗肖一篇文章的标题《白日的疯狂》（«La folie du jour»）的分析。因此，在《观看的权利》（Droit de regards，第25页）中详细阐述了"se regarder"的不确定性："她们互相看着"；"一个看着另一个；一人看着另一个人，而这个被看的人在被看到的那一刻不一定看回去……每个人都能看到镜子里的自己，却看不到镜子里的旁人；彼此相遇或交换目光，彼此看着对方，直视眼睛"。这一点在《我所是的动物》的第一部分依然在发展。"动物看着我""我是他的对象"，我们彼此在对方的外面；但也可以是"它关系到我"，触动我，让我感兴趣，它在我的里面。《偏见，在法律面前》一文整篇玩弄了"从前"（devant）的不确定性：每个

143

德里达：书写的哲学
Derrida. Une Philosophie de L'Écriture

人都可以被引导为自己的行为负责，或者纠正他的"偏见"，"在法律面前"，也就是说，在法庭上：法律的"守护者"和想通过大门的"农民"，在卡夫卡的文字中，以相反的方式"在法律面前"："守护者"在法律"面前"，就像牧羊人"在"他的头巾面前一样：他背对着它，它在他后面；农民"在法律面前"，就像一个想要被介绍——也就是说，在法律面前——的恳请者。"Devant"被理解为现在分词，也可以表示"avant"（之前）。甚至在"撒播框定了不会回到父亲那里的东西"（《多重立场》，第120页）的这句话中，"回归"的复调不确定性，即那"不归回"给父亲的东西，不"落在他身上"的东西，因为父亲随风播下了种子；它可以是像"收入"或遗产、资本一样不"再回到"父亲的东西；也可以是父亲"什么也不做"的东西，这不是他的事情、他的角色、他的任务，跟他无关的东西；也许还有父亲"忘记的"的东西；或者父亲不欣赏的、不喜欢的东西：播撒不会再返回他。我们几乎可以说"它不再回来了"，他惊呆了。著名的表述"一旦被书写抓住，概念就被煮熟了"（《丧钟》，第260页），开玩笑地总结了整个德里达的解构事业，发挥了"抓住"（saisi）和"煮熟"（cuit）的不确定性。一方面，"抓住"返回到"概念"（在拉丁语中"conceptum"的意思是"被拿，被抓住的东西"），返回到"焙烧"（cuisson）的词语（一块"被速炸的"肉指在极高的热量下煮熟的肉），另一方面，"cuit"返回到"焙烧"一边，也在一个更熟悉的语言寄存器上返回到"被击败"的事实。

因此，这句话可以同时从几个层次的意义和语言上来阅读。同样，著名的句子"声音被听到"（《声音和现象》，第85页）是典型不确定的，它至少有三种可能的含义："声音被听众从外面听到"；"声音被说话的人从里面听到"；"声音被听到，也就是说，被理解"。这种模糊性使德里达能够立即质疑内部和外部之间的区别，这是关于声音的关键问题（我们想到发生在我们身上的所有声音，有时甚至指引着我们，无论是我们的良心、我们的"职业"、我们的痴迷，甚至是神圣的信息，我们永远无法肯定地说它们是内部的还是外部的）。但是，也要把听放在理解上，也就是说，把语音放在理智上，借此哲学（至少在其一些主流中）首先被证明是"声音"的问题。

在《哲学的边缘》（第8页）中，"s'entend"的不确定性产生了一个壮观的陈述，"也因为存在听到了：它的本质"，实际上可以以非常不同的方式来解读，根据一个人是在"被定义"还是在"被感知"的意义上理解"s'entend"；根据一个人是作为一个非人的还是一个反思的人来理解；根据一个人是作为一个"音色"还是一个主有词来听"声音"；取决于我们最终听到的"本质"是"他的"还是"正确的"。如此之多的方式，以至于我们有一个本质上不可判定的本体论的句子。德里达也在"arriver"（到达）这个多义词上玩起了词语游戏。它来自一个拒绝"事件"（"那到达的东西"）的哲学，通过将所有现实都写进副本、普遍引用、对起源和自由意志作为典型的形而上学的批判；又在"无条件的好客"中赋予它一个悖论的位置，或者纯粹的"礼物"。根据德里达的说法，它必须在任何经济圈之外，也就是说，外在于任何交易圈。"即使到达来……这封信逃避了到达"（《明信片》，第135页）也将读作"信件在到达时被盗了"，即"这封信逃避了到达的必须性"。"arriver"的模棱两可性被介词"à"和arriver的词源所强化（《扭转词语》，第24页）。"波浪经常失败。在太平洋或地中海沿岸，它们到达了。但它们最终只会失败"，也就是说，"波浪只有在失败时才到达岸边"，因为"arriver"既是"成功"，也是"到达岸边"，也就是说，"搁浅"（échouer），在这里，"可能性的条件"一次又一次地成为不可能的条件。

普通的不确定性也来自多种语言的混合，这种混合一直存在于著名的文学作品中（例如，《巨人传》的第9章或整本《芬尼根的守灵夜》）。它也普遍存在于日常语言中：在历史进程中，邻近语言会互相借用相当多的单词或表达方式，对之我们并不总是能够知道它们"属于"哪一种语言。在《他者的单语主义》（*Le Monolinguisme de L'autre*）的《插入祈祷》（«Prière d'insérer»）一文中，德里达坚持认为如下事实：解构的"唯一从不冒险的定义，唯一明确的表述"是"做出……'不止一种语言'"。①"是的,是的"在法语中可以很容易被当成英语中的"我们,我们"。②"Je te blesse"既是法语的"je te fais une blessure"(我伤害了你),也是英语中的"je te benis"(我祝福你)。③或者又说:"人们有理由谈论哀悼,对于这种'颂扬'(magnifier)的艺术——我用英语从'magnifier'这个词里听出了'狼'(la loupe)。"④德语"Bande"表示"联系",就像法语的"bande"一样,是《丧钟》的中心术语["绷带":放好带子、包裹、收紧、减少骨折、包扎,减少差异,(重新)绑定,思考……]。⑤有时候,在另一种语言中可以找到一个法语单词:在拉丁语"sero te amavi"("我爱你太晚了"——在《面纱》中的"一条蚕"的转义说明),精细的耳朵将能够听到法语"je t'ai aimé séro"(即"séropositif/血清阳性")。这种混合可能涉及语言水平或年代学:我们必须在打开字典的同时,打开我们的耳朵来理解"passepartout"(路路通)⑥、"subjectile"(画布)⑦;或者"titrier"(伪造者)⑧。因此,德里达迫使他的读者

---

① 德里达在注释中提到了这一点,参见《纪念保罗·德曼》(*Mémoires-Pour Paul De Man*),第38页。
② 《尤利西斯留声机》(*Ulysse Gramophone*),第57页。法语的"是"(Oui)和英语的"我们"(we)发音非常接近。——译者注
③ 《明信片》(*La Carte Postale*),第155页。
④ 《观看的权利》(*Droit de Regards*),第23页。
⑤ 《丧钟》(*Glas*),第49页。
⑥ 参见《绘画中的真理》(*La Vérité En Peinture*)。
⑦ 参见《阿尔诺、绘画与肖像》(*Artaud, Dessins et Portraits*)。
⑧ 参见《海域》(*Parages*)。

德里达：书写的哲学
Derrida. Une Philosophie de L'Écriture

慢慢阅读，倾听那些谐音、声波、词源、语言的混合、语言水平的混合，有助于理解哲学（书面的东西，书写的东西）像文学、诗歌或音乐一样，经常不可能进行总结或翻译。它尽可能地延迟，不断地推迟"文字"向"概念"飞行的时刻。每个单词都是一个陷阱，至少像允许飞行的跳板一样，去粘捕。[①]读者有义务像身处雷区一样，身体弯曲，看着他的脚前进，向音节和单词前进——任何朝向思想天空的视角的上升，都可能得到一个致残的、解构的爆炸。

德里达常常通过创造一些很聪明有趣的新词，尽可能地给我们的普通语言增加这种不确定性和结构化，这对他的声誉有很大帮助。因此，"Différance"（延异）不能不顾拼写，只管发音，否则它会与"Différence"（差异）混淆。因此必须在口头上或"原书写"中，表现出书写的存在。"解构"现在已经进入日常用语中（例如，这个词被多次提到，在 2017 年总统选举的两轮辩论中）。否定的意义提出来，以定义一种拆除、破坏，甚至破碎，简而言之，一切表明合理的、有条不紊的破坏（例如，就像人们拆除一个脚手架），而不是一种"拆除""破坏""歼灭""玻璃化"，这表明的是一种愤怒和野蛮的破坏。"Achose""Athèse"和"Aposte"鲜为人知，但是当我们不再知道我们的意思是"la chose"还是"l'achose"，"la thèse"还是

[①] 关于德里达书写概念的音乐性，参见"文本概览"第25则文本"念出'犹太人'这个词"。

"l'athèse"，"la poste"还是"l'aposte"时，这些意思相反，但从发音上无法区分的表达方式，就会产生有趣的不确定性。

"Exappropriation"（挪用）是指占有和征用的双重运动。在德里达那里，这是一个非常现代的形象，它的哲学通常是对"固有本质"（nom propre）或"专有名词"的批评。"固有本质"是区分和定义的工具：例如，人的"固有本质"，如果我们知道的话，就会允许我们突然确信地去区分"何为人"或"何不为人"。因此，"固有本质"不仅与"财产"的概念（在该术语的经济或逻辑意义上）相关联，还与"身份"的概念相关联。很多德里达的概念都能体现这种寻找"固有本质"的局限和失败的功能：比如一个"寄生虫"，同时在我的内外，所以我们不能说它在多大程度上是我们"固有的"。我们的大多数思想也是如此，很难说它们对我们来说是"固有的"，因为思想的运动本身就是为了"普遍化"，与他人交流我们"占有"的想法。没有"挪用"就没有好客/款待：我欢迎的人在一定程度上挪用了"我"（他在我家里就像在他自己家一样），但是同时，我只能仅在成为我家的"主人"的条件下才能款待客人，或者能够关上门、拒绝他人的进入。因此，好客既联系到财产，也联系到挪用，两者密不可分。"人类主义"（humainisme）是连接"人文主义"（humanisme）的一种巧妙方式，德里达通常以贬义的方式将其理解为一种"物种主义"（spécisme），即为我们人的唯一利益而奴役和折磨动物的借口。它也被理解为"手"：因为"手"

经常被认为是人的"固有物"。没有动物会被人们说，它有"手"，甚至对猴子人们也不情愿说。"手"所带来的非凡成就（例如，工匠或音乐家的技术性手势）通常使"手"成为"人类的固有本质"。德里达在创造"人类主义"一词时考虑到了这一点，利用了"手"一般被形容词"人的"所包围的特点。德里达的文字创造经常取得成功，并获得广泛的回响（以至于其中一些词语进入了日常语言），部分原因在于它们有自然和合理的一面。

论证

在这种普遍具有创造性和复调性的氛围中，德里达在语言学和哲学层面都进行了严格而精确的推理和论证。他的作品充满了如此活跃的论战，在其中他既是导师也是读者，没有什么可以逃脱他的思考，他毫不犹豫地跳进那些最富有技术性的辩论中，并责怪那些公认的权威。1963年，德里达写下了对福柯《古典时代疯狂史》中一段文字的长篇讨论。他批评福柯在很大程度上误解了笛卡尔的《第一哲学沉思集》中"排除疯癫"的含义。这个讨论的语调和水平是高超的，且富含技术性，和那些反对笛卡尔的最好的阐释者一样（例如，马歇尔·盖鲁和费

第四章 对文本的阐释

迪南·阿尔基耶）的著名讨论。①德里达参考了盖鲁的解读。②他也参考了笛卡尔的《第一哲学沉思集》的拉丁语版本和卢伊内斯（Duc de Luynes）翻译的法语版本之间的差异，考虑了最科学版本的换行和段节。德里达顺便批评了福柯，同一个"疯狂"的概念在与希腊语的"傲慢"（l'Ubris）③的关系中摇摆不定。他认为存在着一个"严重的"翻译问题，并谴责"译者常有的轻率"④，对此他立即在注释中给出了几个有关柏拉图对话的例子。

德里达一生都在阅读和评论其他文本。他把他的哲学铭刻在他的前辈们的边缘。据他的理解，在哲学中"创造"并不多于一般的"源自"。我们总是已经在引用、沉思、深思熟虑、解释。相反，德勒兹只赋予概念的"创造"价值，鄙视一切形式的"解释"。⑤在德里达看来，翻译、解释和哲学之间没有区别，翻译或解释文本就是赋予其从未拥有的意义。一个文本的意义总是在另一个文本中。如果哲学，如德里达那样，最常走评论

---

① 马歇尔·盖鲁（Martial Gueroult）和费迪南·阿尔基耶（Ferdinand Alquié），法国当代哲学史家，关注现代早期形而上学，著有关于笛卡尔、斯宾诺莎、莱布尼茨、马勒布朗士等的开创性研究著作。——译者注
② 《我思与疯癫史》，见《书写与差异》，第79页。
③ 该词在法语里常被翻译为言行出格、过度。——译者注
④ 《书写与差异》，第65页。
⑤ 德里达在向吉尔·德勒兹致敬时，在《每一次独一无二，世界末日》（*Chaque Fois Unique, La Fin Du Monde*）中顺便唤起了他们之间在哲学本质上的深刻差异："我碰巧在耳语……反对哲学在于创造概念的观点"（第236页）。哲学在于"创造"概念的想法对德里达来说是如此奇怪，以至于他不可能（甚至反对它）在他自己的演讲使用这个词（因此用了引号）。

151

的道路，哲学活动只是翻译或解释的另一个名称。这就是为什么，在他的论战和论证里，德里达没有区分"翻译"问题、"解释"问题或"哲学"问题。因此，在《柏拉图的药店》（第266页）中，他毫不犹豫地再次责备那些柏拉图最好的翻译者的轻率，乃至莱昂·罗宾（Léon Robin）本人（索邦大学教授和"七星文库"版本的柏拉图翻译者）。由于没有在括号中说明它始终是一个问题，从而区分同一个希腊术语"pharmakon"的各种法语对应词"补救"（remède）、"毒药"（poison）或"药品"（drogue）、"春药"（philter），最好的翻译者都忽略了这个"相对难以辨认"的文本问题；德里达打算结束这种情况。不可能更加学术了。语调是明确的、尖锐的、清晰的和差别细微的。这些问题的状态是学界已知的了。讨论（甚至是论战）已经明确公布。我们完全处于科学和理性讨论的精神、基调和形式之中。

在《论文字学》关于卢梭《语言起源论》写作时间的长久讨论中，我们再次发现了同样的语言学—哲学方法。德里达以一种完全科学和学术的方式提出问题，通过揭示问题的难度，并通过产生"问题的状态"，即最"权威的"解释的集合，然后指示他将遵循哪种方法来达到哪种结果。在文本撰写的日期上，"最权威的解释者和历史学家"通常是互不看好的（《论文字学》，第243页）。德里达随后开始对所有事实要素进行精细的描述，使我们能够确定（或不确定）卢梭作品的成文日期。他宣称，必须在阐释者（例如，罗伯特·德拉特和让·斯塔罗宾斯基）之间"站队"（《论文字学》，第 245 页），以了解卢梭的思想是否在早期作品和《语言起源论》之间有所不同。卢梭是否从"先于任何反思"的怜悯概念过渡到了"在反思之后"的（对人的）怜悯概念？最好的解释者对于这个问题的答案存在分歧。为了确定他的观点，德里达从"增补"的角度，提出对卢梭思想进行一个完整的再阐释。他在卢梭的所有作品中都指出了这种模式，引用了大量的引文，然后得出结论，卢梭的这种模式"从未改变过"："怜悯是与生俱来的，但就其自然的纯洁性而言，它不是人类特有的，它属于一般的生命。它'如此自然，以至于动物们也会表现出明显的迹象'。这种怜悯只会在人性中唤醒自己，不会接近激情、语言和再现，只有通过想象，才会产生与他者的认同，把他当成另一个我。想象力是怜悯的幼儿阶段。"（《论文字学》，第 262 页）因此，通过"内部"论证，确立了卢梭这一思想在其整个职业生涯中的恒常性。（这一练习一定会引起德里达本人的兴趣，因为正是在德里达的读者中，经常有人质疑如何区分解构的两个时期：首先是"书写哲学"，然后是"道德转折点"——相反，本书坚持认为德里达的思想一直保持不变，前提是我们给自己提供了从正确角度来思考它的方法。）德里达能够重提和引用自 1913 年以来皮埃尔-莫里斯·马松（Pierre-Maurice Masson）提供的"外部"论证，他在自己的分析最后提及这一论证，以合法化自己的结论。"在1754 年，《语言起源论》起初是《论人类不平等的起源和基础》

的一个长注；1761 年，它成为独立的论文，经过扩充和更正，成为对拉谟（Rameau）的回应。最后，在 1763 年，这篇论文进行了最后一次修订，被分为几章。"（《论文字学》，第 278 页）在所有的这些讨论中，德里达结合那些博学者的文献，没有任何语言上的困难，平等地处理那些要求和标准，以利用所有可用的数据，得出无可挑剔的推理和连贯的结论。他展示了他作为读者的全部创造性、全部概念的创造性，以确认或者不确认那些以最经典和最传统的推定日期法所获得的结果，那些方法以最大的理性严谨来加以运用，就像在任何调查中一样。

为了所有涉及文本建立的事实、历史或语言学维度的东西，《论文字学》深刻的哲学独创性及其书写理论，对逻各斯中心主义的批判，即对理性的某种观念或意识形态的批判，丝毫没有阻止德里达对论证理性和阐释理性的"几何学的"实践。在《论文字学》中，德里达甚至穿上长袍，戴上论文评审团主席的方帽，对克劳德·列维-斯特劳斯进行严厉的学术纠正。在一个 50 页的章节中，他专门阅读了《忧郁的热带》中关于"写作课"的段落。德里达表明，在声称民族学和人类学的科学性偏移中，以试图摆脱欧洲中心主义的同时，列维-斯特劳斯在没有多少学术严谨的情况下，再造了对书写和声音的最古老和最形而上学的偏见。相当引人瞩目的是，德里达并没有采用与列维-斯特劳斯相同的辩论式基调，而是采用了教授在学生面前的语气。德里达仔细阅读了列维-斯特劳斯能够在书写上写下的所有内容，并努力将其压缩。列维-斯特劳斯看到，"音位学和社会科学"之间的关系与"核物理和精确科学"之间的关系这两者存在着"令人震惊的相似性"，德里达却只看到"结构规律的非常确定但非常微弱的普遍性"（《论文字学》，第151页）。德里达嘲笑列维-斯特劳斯，就像一个教授会取笑学生借用（或引用）文学典故的尝试过于费力和过于明显：列维-斯特劳斯擅长书写（德里达写道）："在《野性的思维》中，一个诱人的副标题——失而复得的时间。"（《论文字学》，第152页）在不远之处，他又写道："我们读一下《忧郁的热带》第17章的结尾，标题'论家庭'采用了同样的技巧。"（《论文字学》，第170页）

用反语来谈论（描述为"诱人的"或"巧妙地"的笨拙借用），德里达在这里典型地采用了一个学者面对一个同事的逸闻式的态度。在标题中提及普鲁斯特或埃克多·马洛（Hector Malot），对《解放报》来说没有问题，但最好在带有科学和学术倾向的作品中放弃这种做法。德里达给"写作课"的作者上了一堂写作课。当列维-斯特劳斯在《忧郁的热带》中描述印第安人的夜晚时（"来访者在灌木丛中摸索前行，避免扎到手、手臂和躯干，对此可以猜到在火光下的温暖反射"），德里达的反讽马上就来了（"如果这幅感人的画属于一种民族学的话语，那就不一样了"）（《论文字学》，第171页）。"火光下的温暖反射"仍然散发着学院气息。列维-斯特劳斯"没有问自己任何问题"，而是"满足于注意到"南比克拉瓦人（Nambikwara）禁止使用专有名词的奇怪事实（《论文字学》，第159页）。而他知道如何说柏格森、笛卡尔或胡塞尔的坏话时，铁拳是立竿见影的："无论一个人在深处思考受到指责的还是受到嘲笑的哲学时（我们在这里不谈这些，而只是为了表明它们只是在幽灵中被唤起，就像它们有时会出没于教科书、精选作品或公众谣言）。"（《论文字学》，第172页）

学生不应满足于"教科书"或"精选作品"，而应整体阅读文本，并在冒险指责这些文本之前进行反思。因此，他会避免说废话，例如敢于谈论印第安人，在马克思和弗洛伊德的权威下（列维-斯特劳斯在《忧郁的热带》开头时宣称，这是"他唯一真正的导师"），"非常善良""非常粗心""天真而迷人的动物满足感"以及"类似人类柔情的最感人和最真实的表达"（《论文字学》，第173页）。因此，看到德里达被他作为学术错误的无情纠正者的角色所迷惑，最终采用黑格尔不会否认的语言也就不足为奇了："匹配卢梭、马克思和弗洛伊德本身就是一项艰巨的任务。将它们匹配在一起，在概念的系统严谨性中，这可能吗？"（《论文字学》，第173页）我们不做梦：雅克·德里达，就是那个宣称"一旦被书写掌握，概念就被煮熟"（dès qu'il est saisi par l'écriture, le concept est cuit.）的人，在《论文字学》中声称"概念的系统严谨性"，作为列维-斯特劳斯在文体、学术和科学上的粗略近似法的补救。但德里达走得更远。他获得并阅读了列维-斯特劳斯在1948年关于"南比克瓦拉印第安人的家庭和社会生活"的论文，并将其与列维-斯特劳斯于1955年根据该论文创作的《忧郁的热带》进行了比较。他发现许多关于一次写作或绘画活动的广泛描述，本是构成论文的内容却从后来公开发表的版本中被删除，这无疑使得在一个尚不了解它的社会中书写"暴力"侵入的主题变得更加微妙。从学术的角度来看，德里达以一种非常严厉的方式得出结论，"在'写作课'开始时（列维-斯特劳斯）引发的无辜且温柔的辩论"可以合理地被视作"定向示范的计算前提"。（《论文字学》，第196页）因此，德里达指责列维-斯特劳斯在知识上的不诚实，因此在这里毫不含糊地指出了他对描述和论证的诚实性的重视，这是一种与科学和学术研究的正常和普通实践密不可分的道德美德。

1988—1989年的研讨会以《友谊政治学》为名出版，长达300多页，对蒙田"借自亚里士多德"的宣言的神秘含义进行了语言学和哲学探究。这句宣言为："哦，我的朋友们，没有任何朋友。"①事实上，这个句子"O mes amis, il n'y a nul amy"确实很有机趣。它是咒语（通过"O"和单词"ami"的重复），是矛盾的（因为如果"没有朋友"，你就不能对着"朋友们"说），是忧郁的（"没有任何朋友"与"没有幸福的爱情"属于同一

---

① "O mes amis,il n'y a nul amy."见蒙田《随笔集·论友爱》；德里达在第18页的注释中标注了使用的版本信息：Texte établi et annoté par Albert Thibaudet，Paris:Gallimard,《Bi-liothèque de la Pléiade》, 1953, p.226.

德里达：书写的哲学
Derrida. Une Philosophie de L'Écriture

语域)。因此，这是一个像神谕一样迷人的句子。人们可以理解，为什么人们被这个谜团所笼罩，它跨越了几个世纪，让读者着迷。但就像夏洛克·福尔摩斯、奥古斯特·杜宾或赫尔克里·波洛（如何不让人看到文学的超理性侦探与哲学的研究者之间的密切关系？）一样，德里达在整本书中都致力于驱散这个谜团，并提供了一个优雅、简单与合理的解决方案。因此，除了许多其他内容外，《友谊政治学》是一份关于陈述的清晰和逻辑的宣言，这截然相反于德里达被人公认的、晦涩难懂的非理性品位。职业哲学家似乎不仅能够提出任何孩子都可以提出的问题，而且能够通过推理来解决问题，并以这种方式增进人类知识。

德里达还追随借自亚里士多德的表述的踪迹。他在尼采（《人性的，太人性的》，第Ⅰ卷，第376页；《友谊政治学》，第45页），在弗洛里昂（《寓言诗》，第Ⅲ卷，第7页；《友谊政治学》，第67页）[1]那里也发现了这些踪迹。他详细分析了卡尔·施密特（Carl Schmitt）对"朋友"和"敌人"的区分。在第七章中，他终于谈到了这个所谓亚里士多德的表述的起源：

让我们先注意一下：引用的谣言似乎没有起源。它永远不

---

[1] 让·比埃尔·克拉里斯·德·弗洛里昂（Jean-Pierre Claris de Florian, 1755—1794）系法国诗人、小说家和寓言家，伏尔泰的侄孙。早年效仿塞万提斯出版长篇小说《加拉提娅》，并翻译《堂吉诃德》。1788年进入法兰西学术院，持续创作小说、喜剧和牧歌式田园诗，著有《寓言诗》《爱的欢乐》等，是继拉封丹后最重要的寓言诗人。——译者注

会开始，它只是援引了自身开端的假装动作。在《杰出哲学家的生活、学说和句子》中，第欧根尼·拉尔蒂乌斯（Diogène Laerce）本人并没有引用亚里士多德的这个词。他已经是法沃里诺斯（Phavoirinos）在他的《回忆录》中报道的发言人。（《友谊政治学》，第201页）

在第216页，引用首次以希腊语标出：整个问题涉及句子的第一个"omega"：我们应该将其视为一个"呼格的感叹词"（我们的法语"O"），还是一个"与格"（希腊语"hoi"）（这对应的是句子中的第一个"朋友"）。我们应该读作，"哦，朋友，没有任何朋友"（O philoi, oudeis philos）还是"对于那些存在朋友的现实，他却没有朋友"（Hoi philoi, oudeis philos）。"哲学—智慧"的核心问题，永远离不开一些"友爱"。德里达研究并引用了对该短语的尽可能多的翻译（尽管他承认"调查得不足"，事实上他没有"检查世界上所有的翻译"。《友谊政治学》，第219页）。无论是法语（蒙田、弗洛里昂、布朗肖、德吉）、德语（康德、尼采），还是西班牙语（第欧根尼·拉尔蒂乌斯）的翻译，这个句子几乎总是用一个呼格的"O"来理解。尽管如此，德里达还是识别并引用了四种假定一个与格的翻译（《友谊政治学》，第236—237页）：一种是英语："He who has friends can have no true friend"；一种是意大利语："Chi a amici, non ha nessun amico"；一种是德语："Viele Freunde, kein Freund"；以及

159

德里达：书写的哲学
Derrida. Une Philosophie de L'Écriture

他授奖称赞的那句，1805 年由柯柏特（C.Cobet）用拉丁语翻译为"Cui amici,amicus nemo"，这确实令人钦佩。

我们可以尝试用法语将其呈现为"Qui a des amis n'a pas d'ami"，或"Qui a des amis n'en a pas un"。无论如何，这些译文一直只占少数且鲜为人知（德里达在笔记中承认，他感谢许多为他做过研究的朋友们的博学），尤其是第欧根尼·拉尔蒂乌斯归因于亚里士多德的那句话。根据他的说法，这可以在亚里士多德的《伦理学》第 7 卷中找到，但在亚里士多德留给我们的任何一本书中都找不到……然而，德里达表明（在第 237 页及其后），如果归因于亚里士多德的这句话并没有明确的表示，亚里士多德仍然很好地提出了"友谊"和"稀缺性"之联系的想法：当一个人有"很多"朋友时，没有一个是真正的"朋友"。同样的想法出现在法国谚语"贪多嚼不烂"（Qui trop embrasse mal etreint）中。调查随后得出结论：大多数人采纳的解读，以蒙田的上述句子为例，必须被判定为语无伦次、缺乏条理的。正确连贯、通俗易懂的读法，符合共同经验的，是"Qui a des amis n'a pas d'ami"。然而，通过最后的转折，德里达将他刚刚如此仔细、有条不紊地分离的两种含义结合在一起。他确实对希腊语句子（无论选择什么版本）在单数和复数之间建立的复杂游戏很敏感。作为一名清醒的研究人员，他意识到理解和翻译这句话的大多数错误，不能简单地归因于几个世纪以来译者的"不仔细""粗心"或"不谨慎"。然后他认为，（第 242 页及其

第四章 对文本的阐释

后）希腊语句子基本上提醒我们一个事实，即基本上从不存在"一个唯一的"朋友（否定恰恰与这一点有关，无论人们如何阅读该句）。

然后德里达以这样一种方式阅读句子（我们不会感到惊讶）：如果所有的现实都是"踪迹"，那么根据定义，就不存在任何现实，要么"只有一个"，要么"只有它自己"或者"封闭于自身"。所有的现实总是指向自己以外的另一个东西（比如书写）。因此，当我有一个朋友时，我总是有"不止一个"朋友，就像我说一种语言时，"不止一种"语言一样。法国部长科菲·扬姆亚尼（Kofi Yamgnane）曾在接受采访时说："当你嫁给一个非洲人时，你就嫁给了一个大陆。"就是这个想法。德里达在"唯一的朋友"中看到了不可能，借自亚里士多德的句子含义的本质，这个意味在该句子的两个可能版本中仍然存在：

第三者在那。作为"不止一个"的一个，它既允许又限制了可计算性。这部戏剧或这种单一多重性的机会，这被证明了的两个版本，只能是任意一方中单数和复数的区分。无论人们如何阅读它们……它们都在说着，没有一个朋友，只有一个朋友，某个朋友，没有朋友，两个版本都说一个朋友不是。两者都在乘法的基础上声明它（"O" amis，或那些有"朋友"的人）。独立于任何可确定的背景，它们都可以表示，而且是合唱，无论我们喜欢与否，它们都以各种方式说出来：从来没有

161

一个唯一的朋友（il n'y a jamais un seul ami）。(《友谊政治学》，第243页）

因此，德里达以非常黑格尔式表象的综合来结束他的哲学—语言学研究，其中对希腊句子的两个可能版本的不同含义的认识，在一种关于"踪迹"或"书写的"或"不止一个"的典型德里达式阅读中，被"超越"或"提升"（这是德里达非常明智地建议在翻译黑格尔的中心概念"Aufhebung"时所使用的术语）。因此，对《友谊政治学》的调查，与以前的调查一样，表明德里达关注的是将最严格的学术的、词源学的、书目的和历史的研究相结合，并根据书写哲学的悖论逻辑对概念解释进行深入更新。

《有限公司》(1990) 一书汇集了他与奥斯汀和约翰·塞尔关于普通语言的争论，逐渐转化为良好学术实践的宣言。被塞尔（以及许多其他人）指责缺乏"严肃"，德里达对何为"严肃"进行了长时间的反思，并举出证据来证明在学术争论的问题上，他实际上比那些指责他不那么"严肃"的人"严肃"得多。争议主要是关于"可复现性"或"可引用性"的。德里达在《签名事件语境》的演讲稿里支持了人类话语的内在引用性质。塞尔反对这个论点，并更普遍地反对整个德里达的书写哲学。因此，在这场关于引用、重复、嫁接、提及和使用的区别的争论中，有必要特别注意在一个文本中使"引用"成为可能的一切东西：当我们在一个引文中加入对某页面、某良好版本

第四章 对文本的阐释

等的最准确引用时,往往会对引文及其删减加以指示。如果没有这个,很快就不可能知道我们是否在引用某人,是否在总结他,是否在转述他,是否在歪曲他,是否在背叛他,以及在多大程度上这样做。因此,德里达从《有限公司》的第一行开始,回忆起资本的重要性,尤其当它是一个关于语言的引用性质有否问题时,对于所有关于学术协议的事情都具有绝对的严格性:"我敦促译者保留引号、斜体和法语……我敦促编辑们遵守这一建议〔即,将某个问题"放在空白处"〕(第63页)。"如何区分一个科学文本和一句谣言?主要标准恰恰在于参考文献和引文的准确性:在科学文本(论文,学术期刊上的文章)中,我们必须始终准确引用,提供完整的参考文献、页码、版本等。只有以此为依据,才有可能摆脱谣言、恶意影射和流言蜚语。剽窃(即省略去引号和参考文献)被认为与科学话语及其内在道德完全相反。在《有限公司》中,面对缺乏学术严肃性的指责,德里达在这些引文、引号和参考文献的问题上毫不妥协。[1]

---

[1] 在《海德格尔与问题》(*Heidegger Et La Question*,第84页)中,德里达当场抓住了海德格尔曾对自己的一个文本进行的明目张胆的伪造:海德格尔的确"引用"了他早期的一篇演讲,其中中心术语Geist(精神)在引号之中;但是在"引文"中,他没有使用引号,也没有指出来。"这是唯一的变化。"德里达说,"海德格尔没有指出来。"因此,所谓的"引文"是一个错误,具有严重后果,就像德里达在这篇文章中详细说明的那样。在《纸机器》(*Papier Machine*,第280页)中,德里达也发现索卡尔(Sokal)和布里克蒙特(Bricmont)伪造了《泰晤士报文学增刊》(*Times Literary Supplement*)上的"引文"。德里达总结道:"这些人是不严肃的。"

163

德里达：书写的哲学
Derrida. Une Philosophie de L'Écriture

他将成为脚注伦理的英勇捍卫者。①在没有脚注的地方，在无法验证断言的地方，我们最常面临谎言和恶意。引文和参考文献的准确性（包括排版）是对透明度和诚实的普遍追求的一部分，这种追求是科学工作的特征，同时赋予了它内在的道德价值：引用它们的来源而不是剥夺，承认它们的借用，考虑到演讲的时间顺序，不歪曲所报道的文字，不从它们的语境上剔除意图。在所有这些层面，德里达发现他的美国同事有很多缺点，他们的"严肃性"和道德被如此高估，往往将会受到指责。

这场关于引用和签名的争论，逐渐变成了关于学术作品本质的争论（直到版本和"版权"，还包括引文、引号和参考文献的问题），对此领域德里达率先进行了开拓。塞尔否认了引用性。但是，他是否能够检测到德里达文本中安置的典故（一个典故也是一种引用，同时也是一种关于识别、示播列，即一种签名的标志）。例如，引发争议的德里达的文本标题为《签名事件语境》。用三个大写字母，之间没有逗号。它们的首字母缩略词是"SEC"。此外，德里达在他自己的演讲中并没有忘记使用这个首字母缩略词，在这个演讲里他谈到"非常枯燥的发言"（propos très sec），并将"枯燥"置为斜体，以便读者自己可以理

---

① 在《明信片》上，他指责拉康在他的研讨会上没有提到玛丽·波拿巴关于埃德加·爱伦·坡的书，尽管拉康大量阅读并使用了它……"这个注解并非无关紧要。它首先表明拉康读过波拿巴，尽管研讨会从来没有提到她。作为一个如此关注债务和优先事项的作者，他本可以认识到指导他整个阐释的一种开辟性。"（《真理的供应商》，见《明信片》，巴黎弗拉马里翁出版社，1980年，第474页。）

164

第四章 对文本的阐释

解形容词"枯燥的"(sec)是针对整个演讲("SEC")的一个影射（一个引用），一种小中见大的嵌套（戏中戏）。但是，当德里达说到"Pour conclure ce propos très sec"（第67页）时，英语翻译给出的句子是"结束这个非常枯燥的讨论"（To conclude this very dry discussion，第67页）……典故、嵌套的修辞过程、自我引用，所有这些都是书写哲学的核心，并由"SEC"丰富和发展，在这里逃避了译者，因此也逃避了读者。读者，没看过引用，就会认为语言不是可引用性的。德里达残酷地嘲笑（这是当之无愧的）那些缺乏关注或了解这种情况的人。他的对话者真的有水平吗？他真的是一位专业哲学家，已经获得了必要的哲学文化，可以成为所在领域的高能力和"严肃"的人吗？德里达做了另一个测试。他将"SEC"中的一段文章命名为《寄生虫——书写的道路（Iter）：它可能不存在》。这种表述不能说是无害的，它必然会吸引眼球、耳朵和注意力。人们在其中发现拉丁语（Iter），书写的一个古老表达。简而言之，我们有充分的理由停在这句话上，密切关注它，警惕它，而不是只看它的表面价值。稍加注意和谨慎，任何专业哲学家都会在德里达的书名中认出，它毫不掩饰地引用了笛卡尔《第一哲学沉思集》第五个沉思的书名：法文为《论物质的本质；再论上帝及其存在》（法语：De l'essence des choses materielles; et derechef de Dieu, qu'il existe；拉丁文：De essentia rerum materialium; et iterum de Deo, quod existat）。德里达已经播下了所有必要的线索：

德里达：书写的哲学
Derrida. Une Philosophie de L'Écriture

拉丁语 Iter（代表"iterum"）翻译成法语"derechef"，还有句子的结尾，关于上帝的"存在"，开玩笑地占据了"书写"（它以一种同样有趣的方式出现，作为德里达主义的"上帝"）的"非存在"。但是塞尔没有看到典故……没有看到引用，但这是哲学史上最经典的哲学家最著名的文本之一……那么，正如德里达理解的那样，我们怎么能不惊讶塞尔对文本的引用无动于衷呢？他似乎没有认识到，在一般哲学史上构成所有文本的这些组织层和阶层，都来自对另一个文本的回应，或者对其隐含地引用？没有看到这一点，岂不是和没有耳朵一样没文化？这是"严肃的"吗？

"我们严肃点"：德里达在《有限公司》中多次将这一禁令置于段落的开头。就像命令一样，这会让他的对话者和他自己一样集中注意力。当然，在人们写下"总是已经这样了"（Toujours déjà），读起来就是"总是雅克·德里达"（Toujours Derrida Jacques），如此细碎地传播他的姓名，引用性或"总是已经这样了"的哲学，从而将其自身显示为作者签名的延伸，因此始终是已被引用的，将他的"签名"或"名字"安置在他所有的文本之中，这不是很"严肃"，这是幼稚的，这是游戏："我在其他文本中玩了很多游戏，用'我的名字'，用字母和音节'Ja''Der'或'Da'。我的名字仍然是我的吗？是我的签名吗？……一个专名可以翻译自身吗？一个签名呢？"（第 71 页）但是，不识破这个手段，让自己被一个好嘲笑人的小孩骗倒，这"严肃"

吗？通过讨论的"严肃",尽可能长时间和经常地引用其对手的言论。德里达报仇了。他做到了。德里达对塞尔的引述(以英文原文附加法文翻译的方式)在《有限公司》中占据了很重要的位置,但这又是一个陷阱：读者手里拿的是谁的书？来自塞尔还是来自德里达？这是一种以意想不到的方式来重申话语的引用性,并以嘲笑的方式来规避版权限制(第188页)。更加属于事实的是,德里达惊讶地看到,塞尔宣称《签名事件语境》"自然地分为两部分"(第91页),而德里达的文本包括"三章,而不是两部分,加上序言、结语、标题和那些难以安排的签名；这一切都不是附属的,或完全偶然的"(第91页)。我们仍然可以期待一位受人尊敬的美国教授能够计算一个相对较短文本的章节数。谁是严肃的？更进一步,德里达惊讶地发现他的对话者反对的正是他自己的论点：塞尔"继续表现得好像《签名事件语境》中试图反对'书面和口头语言'一样。他在这一点上非常坚持,以至于我自问"。德里达继续说："如果他真的不相信,《签名事件语境》试图反对'书面和口头语言',那么最轻微的阅读也可以相反地确保这一点。"(第100页)对于一个专业哲学家来说,有一个简单的、令人不安的理解问题(德里达经常怀疑批评他的人是否只是简单地读过他的作品)——更不用说塞尔提出的"反对"经常具有嘲弄的特点了。在关于引用性的争议中,这个问题加倍了：塞尔"反对"德里达的正是德里达支持的东西,德里达发现自己有理由要求对塞尔所写的东

德里达：书写的哲学
Derrida. Une Philosophie de L'Écriture

西拥有"版权"，后者甚至没有意识到他正在抄袭德里达，认为这是与他自己相矛盾的，因此他自己反对引用的言论却恰恰是从这边到那边可以贯穿引用的。这一论点在《有限公司》中占有突出地位，德里达在许多例子中都给予了支持。这些例子向读者揭示了塞尔对德里达的陈述的误解程度，令人难以置信。

《有限公司》结束于以"走向一种讨论的伦理"为标题的跋，德里达在其中恢复并综合了他对最经典的学术和科学实践的辩护，以对抗反对他的谣言和恶意。他本来想把"礼貌与政治"作为《有限公司》的副标题（第205页）。他不知疲倦地回应所有可能向他提出的反对意见，每时每刻都让自己惊讶地看到他是受害者的误解或过程［例如，他宣称他的"惊讶"或"困惑"，这是他从他的一些同事那里读到的，包括塞尔，以及他所写的方式如何被声称要给他上"严肃"课的学者所歪曲和误解（第223、225页）。例如，他宣称自己，通过反语，"准备好钦佩"，一个作者（塞尔）写了一整本关于意向性的书；这本书从一开始就宣布，从引言开始，他"将默默地跳过""整个哲学运动"，而不用害怕承认自己"对大多数致力于意向性的传统作品的无知"，这"确实很明显"。德里达补充道，"在这本三百页的书中阅读到专门针对胡塞尔的七行文字"］（《有限公司》，第236—237页）。德里达在学术讨论中声明了他的"古典主义"（第226页）。因此，他毫不含糊地捍卫了"排除第三方"的逻辑和概念"区分"的严谨性。他认为，没有哲学家，没有逻辑学

第四章 对文本的阐释

家,曾经放弃过产生"严谨和精确"的区分(第223页)。解构绝不会导致模糊不清,更不会导致混乱(第231页)。在第243页及之后的一个长注解中,德里达对那些显然根本没有读过他作品的人的批评和攻击感到愤慨和抗拒。他特别谴责哈贝马斯攻击他而"没有引用过他一次",并"在长达三十页的章节中没有引用任何他的文本作为参考,而该章节声称是'他的(我们的)'作品的冗长批评"。在引用了哈贝马斯一句特别恶毒的话后,德里达大发雷霆:那是错误的。我们在这里几乎站在对立的两边:德里达发现自己被迫为所有哲学中最传统的"真假"对立辩护,以阻止哲学家的"不严肃"著作。而这些哲学家仍然得到认可和尊重,他们事实上实践着他们错误地归因于解构的一切(混乱、混杂物等)。当德里达在哈贝马斯的笔下读到这句话"德里达没有把他的风格和论证分开"时,看到哈贝马斯通过二手的引用来攻击他时,他透不过气来。德里达总结说,诸如此类手段,仍然让他感到惊讶,在他的"不可救药的天真"里:因为必须相信"讨论的伦理",而这一"伦理"的持有者把它踩在脚下(《有限公司》,第246—247页)。

德里达在这里采取的态度恰恰相反于人们有时归咎于他的态度:他远非大学的掘墓人,他捍卫讨论的伦理和学术科学,因为它们更经典、更严谨、更和平、更公平。德里达不厌其烦地提到了一个"低级警察"的手段,通过它,德里达任教的耶鲁大学的一位有特殊头衔的教授写信给法国政府,试图取消德里达参与国际哲学学院院长选举的资格,理由是控诉德里达实行"恐怖的蒙昧主义"(原文如此),除了一个归咎于福柯的口头断言(第258页)之外,没有给出任何其他证据。对于德里达来说,这种对话不仅表明他们缺乏"严肃"和学术"无能",而且还立即伴随着的是,威胁到了他特别重视的"学术自由",因为他要求"完全的'经典要求'和'传统批评的工具'",对此他"在那指出一个政治制度上的建议,至关重要的必要性",即"大学必须承担最严格的传播和保管的任务",即使"为此目标的最佳策略绝不简单"(第265页)。

文学作为解构的试金石

德里达评论了众多的文学文本(策兰、乔伊斯、波德莱尔、蓬热、拉封丹、阿尔托、热奈、布朗肖……),关于一般意义上的文学也写了很多文章[比如:《偏见,在法律面前》(«Préjugés, devant la loi»)、《这个奇怪机制》(«Cette étrange institution»)、《持存:虚构与见证》(«Demeure. Fiction et témoignage»)]。此外,由于写作技艺的精微,他能写出富有诗性或复调的句子,所以有时理解德里达的作品或者文章十分困难,以致主题和论证都被模糊了。出于这些原因,当然还有其他原因,一种观点渐渐流传了开来,认为德里达想写一部介于文学与哲学之间的混合物,它根据人们不同的喜好组合了这两

第四章 对文本的阐释

者的优缺点。

不管他面对的是作家还是哲学家，德里达的文本特点呈现出巨大差异。整体上，他以毫不宽容的方式实践解构工作来反对哲学家，比如福柯、列维-斯特劳斯和塞尔。但是当涉及的是作家时，他的态度就完全不同了。

我在这里想提出一个双重的命题：一方面，德里达的哲学或者说解构哲学完全不是文学与哲学的"混合"，它完全涉及的是哲学；另一方面，不管表面上如何，"解构"的工作正是在于清楚地区分"文学"与"哲学"。

在《柏拉图的药店》中，柏拉图陷入一个无法逃脱的扭结点。一方面，他想对书写进行审判，把它当作毒药（pharmakon）一样驱逐，也就是说，记忆和科学的"毒药"。因此，杀死苏格拉底的毒药被命名为"毒药"也就不足为奇了。另一方面，在苏格拉底死的时候，他的门徒最后一次问他，为什么在他看来，他们不应该害怕死亡。苏格拉底把哲学当作"解药"（pharmakon），对死亡恐惧的解药。书写是一种"毒药"，它是对生动话语的"坏重复"。哲学是一种"解药"，它是思想的"良好重复"。柏拉图（甚或苏格拉底）给自己设定了将书写和哲学分开的任务，但严格来说这被证明是不可能的，因为两者都带着"pharmakon"的名字，因为哲学被写出来了，"坏的"重复"好的"。它已经被掌握了。柏拉图甚或苏格拉底不会实现自身的计划。其哲学将永远是一种幻想，一种自己永远不会兑现的承诺，

171

一种在药房或幽暗洞穴里的低语。

在《绘画中的真理》中,通过突出康德那里"框架"(cadre)的模糊性,德里达有条不紊地解构了康德批判的整个架构。《判断力批判》本应在其他两种批判之间架起一座"桥梁"。但这座"桥"既是虚构的,也是先于自身的。它是"虚构的",因为它是"判断能力"的领域。没有自己的存在,只是用来在"自然"和"自由"这两个实在的领域之间建立类比。它是"先于自身"的,因为范畴的"框架"(总是)已经存在《纯粹理性批判》里了。德里达展示了康德的系统,他称之为"内陷"或"圆形",在这个荒谬而滑稽的形象中,"蛇咬自己的尾巴"或"洒水者被洒水了"。这三种批判中的任意一种都包含在另两个批判中。体系将无法恢复,而且,它总是在试图建立自己的运动中自我毁灭。

在《我所是的动物》一书中,德里达以极大的活力抨击了其他几位哲学家,并揭示了他们关于动物的观点的深刻弱点,甚至是矛盾。他指责列维纳斯在一次采访中,当被要求"回答"动物是否有"脸"时,"他无法回答这个问题"。事实上,拒绝"回答"是特别引人瞩目的,也是特别矛盾的,因为他(像笛卡尔)把"责任"引入了人类本身。但是,德里达问道,整个关于"脸"的话语有什么价值呢?一个人怎么能花一辈子的时间思考"面孔"和"责任",却宣称自己无法"回答"一个关于动物可能的"面孔"的问题(即给予它们道德价值,以及如何对待

第四章 对文本的阐释

它们)。德里达回忆说,他"长期致力于"列维纳斯访谈中的这种"缺口",认为这种缺口是最严重的(第151页)。列维纳斯对动物"面孔"这个问题的沉默实际上暗中破坏了他的整个哲学。

根据德里达的观点,海德格尔也保持着一个关于动物的自相矛盾的说法:因为说它是"贫瘠于世界的",这不是说,动物既没有"一个世界",动物也"没有世界",而对于"它没有的世界"而言,说动物"有世界"。动物和我们一起"吃",但实际上"吃"这个词并不适合描述它的行为,因为它不知道"吃"是什么。同样地,它以"不打猎"的方式"打猎",因为它不知道"打猎"是什么。一只猫"在阳光下幸福地休息",在"一个不知道在阳光下幸福地休息"的世界里,因为它既不知道"午睡",也不知道"太阳",也不知道整个世界。在所有情况下,"既有又没有"。人们常说,德里达的哲学受到了海德格尔的启发,这是正确的。

但无论是在《绘画中的真理》中,还是在《海德格尔与问题》中,抑或在他关于海德格尔的其他文本中,德里达都对海德格尔持严厉批判的态度,即使这是基于对其分析的不断但部分的重新合法化。

在关于动物的陈述或论点上,笛卡尔和拉康是德里达强烈质疑的对象。此外,拉康和精神分析学家在《明信片》《档案之恶》(Mal d'archive)和许多其他文本中都占有一席之地。胡塞尔在《声音与现象》中回到了存在的形而上学和声音中心主义。

德里达：书写的哲学
Derrida. Une Philosophie de L'Écriture

萨特，他的"存在主义选择"方法，以及他声称整体性地解释某些人格结构的主张，在《丧钟》中遭到了猛烈的攻击和拒绝，[1]莫斯在《赋予时间》(*Donner Le Temps*)中被拆解，福柯在《往返莫斯科》(*Moscou Aller-Retour*)中受到了抨击[2]……在这一点上，与德勒兹的差异也是惊人的。虽然人们几乎找不到德勒兹对一位哲学家的批评，但在他许多关于康德、莱布尼茨、福柯、斯宾诺莎、柏格森、休谟等哲学家的著作中，几乎没有一个哲学家能在德里达的眼里找到优雅。在这种原—解构的姿态中，德里达无疑是两者中最"经典"的。事实上，哲学史上有许多哲学家，他们只从前辈的失败和僵局中写作。亚里士多德用了许多页的篇幅来回顾他的前辈，并表明他们无法完成他们的思考，因为他们不知道"权力"和"行动"之间的区别。帕斯卡对斯多葛派和怀疑论者也做了同样的事情。在他看来，由于缺乏"堕落的自然"的概念，他们永远无法理解人类真正的复杂性。康德阐述了"先验辩证法"中人类心灵的错误；尼采描述了"哲学家的偏见"；柏格森重述了哲学史，展示了在他之前的哲学家是如何在不同程度上遇到空间和时间、数量和质量的概念的。德里达亦参与到这追溯哲学历史的队伍中。要理解过去的哲学家，必须具备他们无法看到或阐述的区分法和范畴；要理解过去的哲学家，必须理解他自己的错误，并为自己提供

---
[1] 关于德里达对萨特的总体判断，见附录的"文本概览"，第10则文本"论让-保罗·萨特"。
[2] 见第108—110页；参见附录"文本概览"，第21则文本"文本外"和"语言外"。

解决错误的方法。写作哲学正是对其哲学前辈的解构性解读。它使哲学史倒退着前进，眼睛总是盯着过去的死胡同。

当涉及作家时，情况就完全不同了。在德里达眼里，文学不是，也不可能是解构的目标。相反，它是他的工具。因此，在他看来，文学和哲学之间有明显区别，就像所有逃脱解构的文本与所有被解构的文本之间的区别一样。在德里达的作品中，文学文本评论的语气与哲学文本评论的语气完全不同。文学与哲学清楚地区分彼此，就像可以避开解构的文本，清楚地区分那些屈服于解构的文本。这种态度与处理方式上的差异首先来自文学文本与哲学文本在性质上的差异。一个文本只有在它主张一个命题时才是哲学的。相反，一个文学文本并不需要去主张一个命题。在戏剧文本中尤其明显，其中话语被分配给不同的角色，以至于宣称作者是透过某个主演角色而不是别的角色来表达自己的观点是荒谬的。在诗歌或者小说中也是如此。文学作品展现了一些世界，在其中人们找到了一些不同，甚至有时对立的态度、思想和话语。由于人们不能把一个命题归于一个文学作品，人们也就不能让它与自己发生矛盾，文学正在于展示不同矛盾的立场。因此解构并不针对文学作品，也并不针对一般的艺术作品，尽管解构可以很好地瞄准哲学文本，并且指出它们的脆弱之处，尤其当它们泄露了一些矛盾时。人们从来没有看到德里达针对一件艺术品提出过一丁点的批评，无论它是何种性质的（文学、音乐、诗歌、建筑、电影、摄影等）。

德里达：书写的哲学
Derrida. Une Philosophie de L'Écriture

当涉及的不是哲学而是艺术或者书写时，他的评论总是特别地友好。

它甚至更进一步。德里达原则上拒绝哲学对文学的干涉。他不仅把自己当作萨特的对手，还完全对立于萨特的评论方法。作为传统的哲学家，萨特对文学感兴趣，认为一般的哲学和人文科学是意义的供应商。在许多献给作家（热奈特、波德莱尔、福楼拜）的著作中，萨特给自己的目标是完全解释"人与作品"，没有保留——这个宣言受到德里达的嘲笑（《丧钟》，第36—37页）。根据书写哲学，德里达断然拒绝任何将哲学凌驾于文学之上的立场或姿态。相反，它是一种非侵入性的、非探究性的阅读，仅仅是对文学文本的建议作出简单的"回声"。在他看来，对文学文本的评论必须在于：以我们所能的听取、延长那些音律。当第二次阅读时，就像第一次一样，在文学文本中查找和识别它们："一切必须浮起来，悬置，然后再在事后产生最初的共鸣"（《丧钟》，第81页）。这是一种音乐教育，一种针对读者耳朵的教育，而不是一种意义的注入。我们"必须"做的恰恰是什么都不做："我们必须让语言的丧钟悄无声息地展开"（《丧钟》，第187页）。

但是，为什么这样的"评论"仍然配得上"哲学"的称号呢？德里达一直被这个问题困扰着，在他对文学文本的许多评论中，这个问题尖锐而明确地出现了。这种意愿，不是要进入文本，不是要进入作家的"思想"或"意图"之间，而是要拒绝对文学文本进行切割，拒绝"解释"，拒绝赋予他们本没有的某种"意义"或"意指"，以此让解构置于文学文本的门槛上。哲学一动不动，被禁止，不敢敲门，不敢进去。它非常害怕发现自己处于"掌握"文学文本的地位，所以它几乎没有接触过文学文本。因此，德里达经常给人一种想知道他在这些评论中要做什么的感觉。他非常喜欢文学，非常喜欢谈论文学，但不知道作为一个哲学家他能说些什么。在他生前出版的文本中，就像在即将出版的《研讨会》文集一样，关于对文学文本的哲学评论的合法性或可能性的问题一直困扰着他。例如，关于阿尔托"什么是评论？让我们把这些问题抛到空中，看看阿尔托应该把它们放在哪里"（《被吹走的话语》，见《书写与差异》，第253页）。阿尔托"想要摧毁……历史……从二元论形而上学中，……'这种'评论的形而上学允许'评论'，因为它已经命令了那些被评论的作品"（《书写与差异》，第261页）。阿尔托挑战"评论的隐隐约约"（《书写与差异》，第273页）。两难境地：不要"提升"阿尔托，也不要通过评论"中和"他（《书写与差异》，第255页）。既不加调味品，也不失去味道：怎么办？关于绘画有着同样的关切："至于绘画，在它身上，在它身边，或者在它下面，话语在我看来似乎总是愚蠢的，既富有教益，又是咒语式的、程序化的，受到威严的、诗意或哲学的冲动而行动，当它总是很贴切时更是如此，处于饶舌、不平等、非生产性的形势，面对一个线条，没有（跳过）这种语言，对它

来说是异质的，禁止一切悬垂。"（《绘画中的真理》，第175页）

文学以另一种方式抵制解构。德里达经常回到文学在定义和本质上是一种无法界定的体裁这一论点。文学是这个"秘密"的地方，该"秘密"不可能被揭示，即使我们一直在谈论它，因为它是一个"结构性的"秘密。根据德里达的说法，"文学"实际上开始于我们无法确定那支配文本的意图。①这就是为什么，在这个片段或其他文章中，德里达对英语术语"mention"和"use"两者之区别的相关性保持怀疑态度。当我说"la neige est blanche"时，我用（use）"neige"这个词；当我说"neige"是一个女性名字时，我在引用或提及（mention）它。我们不可能总是（永远不可能）知道一个单词或短语是否被正常地"使用"还是"提及"，即被引用。这个秘密是不能泄露的。也许"我总是谈论我自己而不谈我自己"。我的每句话都有可能像密码一样工作（例如，"胡萝卜煮熟了"）。②

当然，一本朴素的哲学书总有可能是一封伪装的情书。然而，在商品上必须有明确的欺骗："哲学"这个词必须巧妙地出现在商品上。这些都是不太可能发生的情况。另外，在一部自称"文学"的作品面前，所有的诡计和欺骗都是游戏不可分割的一部分：它是"新发现"的手稿，还是一个"被泄露"的故

---

① 《激情——"倾斜的奉献"》（*Passions–«L'Offrande Oblique»*, Paris: Galiée, 1993），第89—91页。参见附录的"文本概览"，第11则文本"文学的秘密"。
② 参见《激情——"倾斜的奉献"》，第93页。这是文章《持存：虚构与见证》中的引用，德里达在其中坚持这一点。

第四章 对文本的阐释

事，或者，声称是作者本人用心写就的回忆录？我们读到的第一人称、第三人称，有时是第二人称（就像米歇尔·布尔托的小说《变》），不是来自一个合法的脚本这一简单的可能吗？文学文本本身存在这么多问题，并使得一切"解构"的企图都变得荒谬，因为相反，不正是因为一贯的不确定性，才种下了"使用"和"提及"的区分吗？文学文本表现为哲学文本解构的工具自身或者工具店。

由此可见，在德里达的作品中，文学和哲学并没有混淆，因为前者对解构的冷漠就像后者面对解构的脆弱一样。此外，在作家同时也是哲学家（或同时是作家的哲学家）的这种罕见的情况下，德里达的态度是非常不同的，这取决于他是针对哲学家还是作家。"作家"在这里不是指"写作优雅的哲学家"。事实上，假设我们可以区分擅长写作的哲学家和不擅长写作的哲学家（德里达显然属于第一类，就像柏拉图或柏格森一样），这将不会在文学作家和哲学作家之间产生真正的区别。"作家"指的是写过小说、戏剧或诗歌的文学作品的作者。毫无疑问，哲学可以借鉴这些流派。但哲学作品与文学作品的区别在于，哲学作品的本质在于它所支持和捍卫的论点，而文学作品则没有这种雄心和目的。

德里达有时视其为哲学家、有时视其为作家的最重要的作者是卢梭和阿尔托。卢梭和柏拉图一样，在哲学上捍卫德里达所反对的一切。然而，德里达对卢梭的态度似乎远没有柏拉图

德里达：书写的哲学
Derrida. Une Philosophie de L'Écriture

那么严厉。这是因为德里达认为，作家卢梭比起哲学家卢梭来说，无疑是个更好的哲学家。事实上，卢梭带着一种盲目的、梦游的艺术直觉，围绕着"增补"的概念构建了他的许多主题和想法。这正是德里达将其置于书写哲学核心的概念之一。在这一点上，作家卢梭在德里达看来是一个哲学家（即德里达式的哲学家），他自己甚至没有意识到这一点。德里达欣赏这种意想不到的解构一致性，它支撑着一种有意识的、更令人期待的存在的形而上学。

　　同样的现象在德里达针对阿尔托的评论中重复出现，只是略有延迟。德里达非常钦佩阿尔托的性格，推崇其作品，推崇的原因在于其独特的写作维度。然而，正如他明确指出的那样，他完全反对，甚至敌视阿尔托有意识地发展整个哲学"体系"。我们可以在《阿尔托的隐秘艺术》中（第19—20页）读到类似的句子："就算人们像我这样，既不喜欢也不总是赞成哲学或政治的内容，这闪电侠不顾一切地停留于意识形态议题，他敲打这些议题，却始终没有抬高，背叛它们，或者把它们放置在强大的X射线之下。我尤其抵制这一切，即阿尔托的这个作品以自己的身体或无器官的身体的名义，以对自我的重新挪用的名义，应和于一个生态主义—自然主义的宣言，应和于对生态—技术、复制、克隆、假肢、寄生虫、魅魔、支架、幽灵、光谱和人工授精等等，简言之，一切不得当的东西的抗议，这就是Artaud-Mômo……很快1947年在美国被认同的《为了结束上帝的审判》一文可以为证。"德里达甚至将这种"哲学"描述为"重新挪用的形而上学愤怒"(《阿尔托的隐秘艺术》,第19—20页)。

  这些态度或观点的变化表明,德里达本人对文学和哲学之间的区别是多么敏感。他很想成为一名作家。他年轻时写诗,并参加文学评论。但他很清楚,即使他后悔了,也因为他后悔了,他不会成为一个可以写出比肩乔伊斯、贝克特或者蓬热的文学作品的作者。因此,解构主义,通常被认为是文学和哲学的混合体,无疑却提供了一个相当可靠的试金石来区分文学与哲学。

结论 书写中的哀悼与残存

死亡、幸存与踪迹

德里达在20世纪60年代末发展的理论使他很快成为第一流的哲学家，他的哲学中最具创造性的主题，即关于书写与死亡之间具有普遍等价性的论题的不同表达形式。这种与哲学、书写都同样古老的联系，本质上是一个相当自然自发的观念，而且相当普遍。"言辞飞去，著作犹存"，我们的写作事实上与我们的遗物具有相当的可比性。柏拉图准确地指出了书写与死亡的联系，是为了拒绝写下来的话语，虽然它能在所有情况下重复同样的内容，但缺少了作为生命标志的反应与回应的能力（《斐德罗篇》，275d）。解构不坚持一种贬低，相反强调了这些困境，德里达再次以他的方式激活，并宣判了书写与死亡之间的联系。他不同于形而上学的立场，后者的中心命题是意义或者意指最终应该参考一个在场，伴随以一种直观的形式或者以真实接触的形式；德里达事实上持有一种观点——意义或者意指只有在缺席的条件下才会出现。

我们总是朝向一些"缺席"的人写作或者说话，后者可能在我们向他们言说时已经逝去。对德里达而言，话语接收者的死亡的可能性并不只是写作或者一般交流的一个事实条件（因为"原书写"在德里达看来是所有交流的模型），而是它得以可能的条件。书写与死亡的关系因此并不是一种缺陷，或者某种令人遗憾的并可能改正的缺点。这是一种结构性的和逻辑的关联。

语言的作用是"传递"意义。因此，根据定义，一种意义必须能够在"远离"它生产的地方发生，并产生效果。因此，它不能以任何方式"联系"或者"粘"在它的原始语境中，或者在任何语境中，否则它就不能被传播，就根本没有意义。语言与背景的原初分离，这种必要的"原初差异""原书写"或最初的"引用性"（许多术语都可以总是用来定义作为语言和意指的原初环境的缺失）激发了在《声音与现象》中对胡塞尔的批评，就像《论文字学》中对索绪尔的批评那样。

从作为意义得以可能的条件的"缺席"（关于自我的，关于世界的，关于他者的，关于语境的）到"死亡"之间的距离很快被跨越了，因为"死亡"对人类来说就是缺席的最终形式。跟随胡塞尔（更早的还有斯宾诺莎），德里达丝毫没有犹豫地把本体论与生物学重叠，把"缺席"（或者"解构"）与"死亡"等同起来。这是一个令人吃惊的罕见哲学立场。因为常识和日常语言清楚地区分了对象的"解构"或"消失"、个体的"死亡"。无疑我们可能会说一个人"消失了"，但是我们从来不会说一个物体"死亡了"或者"被消灭了"。几乎对所有人而言，"死亡"因此并不是"缺席"的模型或者一般化概括。不管怎

德里达：书写的哲学
Derrida. Une Philosophie de L'Écriture

样，德里达在"死亡"与"缺席"之间建立了等价关系，并从"信件"或者"明信片"中看到了所有交流的模型。所有具有意义的信息都漂浮在一个发送者和一个接收者之间，后者总是潜在缺席的，也就是潜在死亡的。

　　大部分的书并不是别的东西，只是由死人们发出的信息。在他最初的著作里，德里达就一般化了这个观点，把作者和死亡联系起来：一个作者作为作者总是潜在死亡的，很简单，因为从信息被发出的那刻起，信息（书或者信件）就可以在发出它们的作者不在场的情况下被理解（它正是为此而诞生的），因此就把作者推向死亡：我所写的书或者信件，出于定义应该补充我的缺席，因而包裹了这种缺席，假定了它，指出了它，准备了它，很快就超越了我，开始否认我，把我认定为缺席的或死亡的。这是情书的悖论层面。德里达经常重新返回到这个事实，即"名字"是我们消失之后还继续存在的事物，将会镌刻在坟墓上，是已存在于我们之中的死亡。在这个意义上，所有的作品如同德里达在《声音与现象》中所谈到的，都具有"遗嘱的价值"。所有的文化都是作为巨大的遗嘱而存在的，所有的读者都是处于遗产继承者的位置上，所有的作者都是处于一个死人的位置上。"专名"和"签名"甚至就是死亡的标志："在这本书中，'倒置的钟'已经开辟出如此多的新的路径，与专名也就是死亡进行了严肃的和强有力的游戏，……我们知道一个

结论 书写中的哀悼与残存

签名并不只是签了名,它总是向我们诉说着死亡。"[1]

另外,当我们写作时(一本书或者一封信),大部分的时间里,我们都针对某个话语的接收者(写一封信时更是如此)。然而实际上,我们从来不能知道是否可以抵达这个接收者,或者是否有某个其他的读者阅读了这封信或者这本书,是否阻止了它的传递。这总是可能的,甚至是必然的,为了使我们所写的具有意义。如果只有唯一的一个人能够读它,这会是一种私人语言——一个矛盾的概念:"一种书写在结构上是不可读的——可复现性的——在收件人的死亡之外,就不是一种书写。"[2]因此当我们写作时,我们总是潜在地为了所有的读者而写,在场的或不在场的,更确切地说,是为了不在场的读者而写。如果我们的写作是为了未来时代的人,我们的作品或文章从现在起就已经包含了它们当下受众的死亡的可能性。

所有的书就像一张明信片,对所有人开放。为了无论哪个话语接收者,它可以在任何语境下获得意义。在德里达那里,所有写下的文本都可以和海里的漂流瓶相比,没有准确的接收者,而发送者也可能早已死亡多时了。如果柏拉图正确地(从德里达的视角来看)描写了写作与重复、漂泊、缺席或作为父亲的作者可能的死亡的联系,那么他错误地(仍然是依据德里达的观点)把书写与口语对立了起来,从而证实一个鲜活的在

---

[1] 德里达:《每一次独一无二,世界末日》,第164页,第172—173页。
[2] 德里达:《哲学的边缘》,第374—375页。

德里达：书写的哲学
Derrida. Une Philosophie de L'Écriture

场，有能力回应，可以被发送给正确的接收者，并因此总是获得了其父亲的支持。德里达的哲学姿态在于拒绝了柏拉图在书写话语与口语话语之间的区分，并把口语导向书写，把所有的作者，无论是口语还是书写的意义发出者变成了一个强有力的死者。[1]

一个事件来自外部，这是事故。对德里达来说，作为一种表面悖谬但本质上是逻辑的方式，死亡不可能"来到"一个作者那里，因为成为作者，签上自己的名字，这在定义上就是"已经死亡了"。这样的死亡——德里达从未说过或宣扬过别的东西，总是已经在场的，从第一个写下的句子起，但同样也从第一个说出的句子起，都存在于其中。那众多文本和话语中的每一个句子都把作者推向他的不存在，他的缺席和消失。

关于罗兰·巴特的"作者之死"观，德里达长期发展了一个观点：无疑一个作者有许多的死亡，甚至是无数的死亡，而不是只有一个。在德里达看来，我们由此回避了生与死的辩证法，或者说它们的简单对立。我们留下的所有踪迹同时显示了我们的在场与我们的消失。我们的作品如同我们的照片，比我们存在得更久。在德里达看来我们更多的是"幸存者"，而不是"生存者"。和表面看到的相反，我们并不依次经历生的阶段然后是死亡阶段，而在留下的每个踪迹中，在画下的每个符号中

---

[1] 德里达：《每一次独一无二，世界末日》，第264页。

并置了生与死:"我有时会把幸存(survivre)这个新颖的概念,界定为一种不同的、异样的可能性,不仅与死亡的关系是这样,与生存的关系同样如此。幸存是一个不再派生的概念。只要有了踪迹就有了幸存,也就是说,幸存并不是死亡或者生存的替代项,它是别的东西。"①因此"书写的哲学"承担了哲学的一种最古老也是最传统的功能,这在柏拉图那也是如此:减轻了我们对死亡的恐惧。请再读一下前面的内容,死亡是我们习以为常的。蒙田认为:"哲学就是学会死亡。"但是我们并不需要学习我们已经非常明白的事物。

坟墓与葬礼演说

书写以结构化的方式,有时也以明确的方式与死亡相关联。德里达的书籍常常是一些"坟墓",这是在马拉美谈及《夏尔·波德莱尔之墓》的意义上,或者在拉威尔的《库普兰之墓》的意义上,也就是说,在对伟大的艺术家致敬的意义上。在这个意义上,德里达的《丧钟》是热奈的坟墓,更一般地说,所有的作品在德里达看来,都是作者或另一个人的某种方式的"坟墓",因为总是带有太多的踪迹、遗留与名字,写作与一个葬礼并没有根本区别。

---

① 德里达:《论言语:哲学快照》,第51页。

德里达：书写的哲学
Derrida. Une Philosophie de L'Écriture

德里达在文集《每一次独一无二，世界末日》中谈到了各种葬礼。然而令人吃惊的是，这个认为书写总是被死亡萦绕的哲学家恰恰不停地遇到书写他的亲人、朋友的死亡的巨大困难，这些困难甚至指向了德里达与"生命"的另一种关系的存在。德里达宣布，向一位刚去世的朋友表达敬意，无论是从逻辑的角度，还是从情感的角度来看都是"不适当的"，"无法辩护的"，甚至"难以忍受的"。[1]葬礼演说实际上需要遵从一些相互矛盾的修辞要求。

发表葬礼演说的人不应该像在大学研讨会上那样，向死者表达学术的和批判的敬意，因为那样的话就显得荒谬，没有考虑到死亡的事件，这就和下面的事实冲突，即他在大家面前发言恰恰因为他是死者最好的朋友，因为这是举行葬礼的日子；同时他也不应该把一种美好的友谊或者秘密的友谊过于突出，那样就会显得是在谈论他自己，给予自己过多的重要性而不是要致敬的死者；他也不能完全只谈论死者，比如大段引用死者的话，那样的话就显得自己完全离开了死者，而没有投入到一种悲伤的情感中；当然他也不能发表演说就好像死者仍然在世一样，尽管德里达曾经在阿尔都塞的葬礼上试图暗中这么做。事实上很少有实用的解决办法，因为在外在的真诚与情感之下，人们发觉自己在被迫发表一种完全修辞的和不自然的演说，这

---

[1] 《罗兰·巴特之死》，参见《每一次独一无二，世界末日》，第77页。

是另一种形式的矛盾。

最后，还有葬礼颂词应该同时是个人的（因为人们在这里就是由于这个身份），也是非个人的（为了不过于突出自己），应该同时是简短的（由于人们的悲伤而无力讲话等）与详细的（因为要向死者致敬，让他显现在人们通常难于表达的情感之前）。葬礼演说的修辞因此就显得要服从于一系列相互冲突的要求：在演说中发表演说的人既要在场以表达对死者的敬意，同时又要把第一个位置留给死者：

从他死亡以来，在我写作所处的情景中，某种模仿性同时是责任（把他看为自己的一部分，与他相认同以把话语留给他，使他在场，在忠诚中代表他）与最不得体的、最致命的诱惑；同时是礼物与礼物的收回，要尝试去选择。①

谈论死亡就像谈论一个活人和一个死人：

对死者来说我试图避免的，或者说使他避免的是，在此时此刻谈论他如同一个生者或者死者那样所导致的双重伤害。在这两种情况下我都在歪曲、伤害或者谋杀，但是是谁呢？②

---

① 德里达：《每一次独一无二，世界末日》，第64页。
② 德里达：《每一次独一无二，世界末日》，第70页。

说与不说：

为了更进一步地回应他，或者询问他，一种无限的忧伤让我在这里同时保持沉默与发自内心地言说。①

在朋友死亡时的自怜与不自怜：

尽管在朋友死亡时，一个人哀怜自己的死亡的念头中包含了某种难以容忍的暴力，我并不想禁止自己这样做，这是唯一可以把阿尔都塞保留在我身上的方式。②

最后面对一个矛盾的要求，对死者或者他的作品的占有与解除占有：

一方面我想避免……以谈论我们共同参加的那些会议时死者的哲学贡献作为致敬的方式……但我同样想远离以个人经历作为致敬的方式，那通常总是过于独占性，有太轻易且不恰当地说"我们"的危险，或者更糟地说"我"的危险。③

---

① 德里达：参见《致哀布朗肖》，《每一次独一无二，世界末日》，第326页。
② 德里达：参见《致哀阿尔都塞》，《每一次独一无二，世界末日》，第147页。
③ 德里达：参见《致哀利奥塔》，《每一次独一无二，世界末日》，第270页。

因此葬礼演说也是德里达的典型体裁,他写过很多类似的演说。首先这是一种"寄生的"话语,即是一种我们从来不能说清它是外在还是内在于其对象的言说。接着它是一种修辞类型,越来越触及到作为缺席的踪迹、作为纪念的仪式、作为哀悼的"书写的哲学"。

生命之爱与生物们

因此,人们会期望德里达在葬礼演说的本质矛盾或寄生语域中表现得特别自在。然而,人们发现他在这些场合中总是表现出不适、痛苦,甚至反抗。也许德里达并不总是安于自己的哲学,甚至整个哲学(这在他的传记中多次出现)。早年在阿尔及利亚,在那个有点吵闹的青春期,他有些更简单、更平庸的愿望:成为一个流氓,成为一名足球运动员。毫无疑问,他的书写哲学是对死亡的不断沉思,并且关于死亡在我们每一个意义的生产中的强迫性存在。但是相反,正如他作品中的许多段落所证明的那样,我们在德里达身上感受到了一种对生活的品位,对生活的肯定,对生命作为"源头"的品位,对直接接触的兴趣,如直接的情感、简单的感受:不仅仅是写下海滩的沙子很柔软,而且让"赤脚感觉到它",用纪德的《地上的粮食:地粮·新粮》中纳塔纳尔的话来说,让"赤脚感觉到它"。这与德里达自相矛盾,并且与他的所有哲学相矛盾(但人会随着时

德里达：书写的哲学
Derrida. Une Philosophie de L'Écriture

间的推移而厌倦他自己的哲学以及他所有的改进），对直接的、非差异的、接触的品位，他所有朋友都注意到的品位，这将解释这些意想不到的痛苦，在葬礼的演说这种补充的、差异的、自相矛盾的话语中；在葬礼演说中，人们本以为他可以找到他全部的情感和热情。在《明信片》的某些片段中，这种与书写和差异的整个系统拉开的距离经常可见，在此通信的作者悖论地宣称，他只有对"这些信不寄走"感兴趣（第19页）；或者唤起他的"愉快的决定不再多写"，这是"某事终于发生"的唯一条件（《明信片》，第35页）。

"决定"的主题（通常在其他地方被禁止），被体验为"快乐的"，"不再写作"在这里清楚地出现，并且受到重视。这一时期，对自己论点持怀疑态度的观点或许让德里达感到担忧。另一段则显示了德里达的倦怠，甚至是对无限镜面、不确定优先、无尽差异的系统的关注。相反，他对存在、肉体、生命、初恋或初恋的纯洁的关注，对"腐败"的不安，简而言之，所有他的解构会溶解或拒绝门外的一切（《明信片》，第156页）。这种对"生物"的爱的呐喊将在德里达的最新著作《我所是的动物》中找到回声，该书于2006年德里达逝世后才出版。德里达以富有同情心和生物学的"我思"的形式（有一半呈现于书名中）宣布，他完全声援"生物"在人类手中遭受的所有痛苦，而哲学家们从未被它感动。阿兰·巴丢在他的一本书中指出，抵抗者中最勇敢的往往是数学家，比如让·卡瓦耶斯的例子。

以同样的方式，雅克·德里达发展起来的"书写哲学"，部分解构了"存在的形而上学"，同时削减了延迟和差异，虽然它靠近死亡，但往往是第一批上战场的人，没有等待，以减轻所有生者的痛苦。

文本概览

以下文本，构成了德里达讨论书写和语言的一个简短文选。每个文本都来自一本不同的著作。以下内容根据著作标题的字母顺序排列。

文本1　　　弗洛伊德的无意识是一个在书写的机器

通过将"心理装置"描述为"书写的机器"，弗洛伊德没有采取将书写臣服于鲜活的言语的传统姿势。隐喻（化）设置了一个原始书写在两种意义之间循环的可能性。

然而，在其道路的关键时刻，弗洛伊德求助于一些隐喻模式并非偶然；这些隐喻模式既不借助口语、口头形式，也不借助标音文字（écriture phonétique），而是借自于某种从未被臣服、外在并后置于言语的拼写法（graphie）。弗洛伊德从这些模式中呼唤出一些并不记录一种鲜活、圆满、向自我呈现并能自我控制的言语。说真的，这将是我们的问题，弗洛伊德从未简单地使用非标音文字的隐喻；他也没有采取把铭写的隐喻（méta-phore scripturale）当作教学目的的权宜之计。如果说这种隐喻是必不可少的，那可能是因为它反过来也说明了一般印迹的意义，然后还将这种一般印迹和普通的书写意义联系起来。通过对隐喻投入的坚持,他使得人们以为认识的书写变成了谜语。古典哲学的未知运动可能生成于某个隐晦和明晰的中间地带。自柏拉图和亚里士多德以来,人们就不断地通过图像去图解理性和经验、感知和记忆之间的关系。但都是出于对书写的公认和熟知意义上的不断信任。弗洛伊德勾勒的姿态打破了这种保证,开启了一种关于普遍的隐喻性、书写和间距的新型提问法。

——摘自《弗洛伊德与书写场景》,见《书写与差异》,巴黎:瑟伊出版社,1967,第296—297页

文本2　　　　　　　　原始的迷宫

人类最强大的欲望在于进入现实,穿越词语的围墙,最终走出书写的迷宫。但是现实主义被判定是一种幻觉。

我们因此不再知道:总是作为从简单再现之中被另解和修改的再呈现的东西,作为"增补""符号""书写""印迹"的东西,在一种必然却崭新的前—历史的意义上看,不比再现、真理的体系"更老",也不比历史"更老"。

……

一切也许都是这样开始的:"一个在我们面前响起的名字令人想起德莱斯顿的画廊……我们信步穿行于一个又一个大厅……

德里达：书写的哲学
Derrida. Une Philosophie de L'Écriture

一幅泰尼埃的油画……再现一个油画画廊……这个画廊里的画又再现出一些画，那些画使人看到一些可以解码的铭文。"

无疑没有任何东西先于这种处境。肯定也没有任何东西来悬置这个处境……如果白天展览，在画廊之外，我们不会被给予或肯定承诺任何感知。画廊是自身包含出口的迷宫……与现象学——它总是关于感知的现象学——试图使我们相信的东西相反，与我们的欲望不能不试图相信的东西相反，事物总是在躲避自身。

——摘自《声音与现象》，巴黎：法国高校出版社，1967，第116—117页

文本3　　　　　　　　好的和坏的书写

所有将写作视为篡夺（这里是卢梭）的传统的或形而上学的批评，都是以我们心中最初"铭刻"的道德法则的名义，或者以一种"好书写"的名义，自相矛盾地（或者更确切地说是对立地）进行着的。

怜悯是一种声音。声音，在本质上永远是美德和良好情感的通道。相对立于写作的，是没有怜悯（sans pitié）。怜悯的秩序"代替法律"，它取消法律，让我们了解既定的规律。但由于法律制度也是自然法则的增补，当后者缺失时，我们在这里看

到，只有增补的概念允许我们在此思考自然与法律的关系。这两个术语只有在增补的结构中才有意义。只有当非母法的权威取代了自然法的权威，取代了我们不得不"试图违背"的"柔和的声音"时，非母法的权威才有意义。当柔和的声音不再被听到时，一个人所接受的无情的命令，很简单，就像我们现在想象的那样，是书写的命令吗？是也不是。是，只要一个人读到字里行间的文字，或者将它与字母结合起来。不是，就一个人从隐喻方面来理解文字而言。所以我们可以说，自然法则，怜悯的柔和声音，不仅是母性权威说出的，也是上帝铭刻在我们心中的。卢梭反对理性的书写，这涉及的是自然的书写，心灵的书写。只有后者没有怜悯，只有它违反了禁忌；这个禁忌以自然情感的名义，将孩子与母亲联系在一起，并保护生命免于死亡。

——摘自《论文字学》，巴黎：子夜出版社，1967，第247—248页

文本4　　　　　　口语中的书面语："延异"

关于"延异"的著名演讲开头以"一击"或一记锣声开始，非常恰当地强调了它的光彩，也标志着书写的次要起源。它如下这般开头。

因此，我要说的是一个字母。

从一开始，如果我们要相信字母表和在那里冒险的大多数猜测。

因此，我将谈论字母"a"，谈论第一个字母，在书写"差异"一词时，似乎有必要在这里或那里引入它；并且在关于书写的写作过程中，这一书写不同的路径都恰好通过某些非常确定的点，通过一种巨大的拼写错误，通过这种违犯，违犯那规范一种书写的正统，违犯那规范写作，并将其包含在自身适当性中的法则……因此，正如无声的讽刺所规定的，人们尝试去超越这一沉默下的违反，超越人们的兴趣提前去承认，分配这种文字排列的无声位移。我们总是可以表现得好像它没有差异。这种对于正统的默默违犯，从现在开始，我今天的意愿是减少对其正当性的证明，与其说是原谅它，不如说是加剧某种坚持的效果。

……

这种图示上的差异（"a"而不是"e"），这两个明显的语音符号之间的显著差异，两个元音之间的差异，仍然是纯粹的图形：它被写或被读，但听不到。我们听不到它，但我们将看到它如何通过理解的秩序。

——摘自《延异》，见《哲学的边缘》，巴黎：子夜出版社，1972，第3—4页

文本5　　　　　　　序言已被删除

一篇序言的性质与标准逻辑相矛盾。相反，它对于书写的逻辑、后续的逻辑、原始重复的逻辑来说，是非常清楚的。

因此，这不是一篇序言，如果至少有人将其理解为表格、一个代码，或者对一些著名所指的一份合理总结，甚至是关于一些关键词或专有名词的索引。

但是序言有什么作用？逻辑不是更令人惊讶吗？难道有一天我们不必重新构建它们的历史和类型学吗？它们形成了一种体裁吗？它们不是根据这种共同谓语的需要来组织的，还是别的东西，以它们彼此共享的方式？

这些问题不会得到回答，至少在声明的最终模式中是这样。但是，在这个过程中，一个协议将——摧毁这个先将来时——取代序言令人不安的位置。①

……

人们似乎总是写序言，但也写前言、介绍、开场白、序幕、绪论，以期抹杀自身。当它达到了 *pré-* 的极限（它呈现并先于，

---

① 德里达在这里指出，"序言"来自拉丁语 *"praefatio"*，动词 *"prae-fari"*（说话之前）；而 "协议"（protocole）一词来自希腊语 *"protokollon"*（先贴在上面的东西），在中世纪，它指的是"贴在封面下面——记录或系列行为的——第一页"。因此，"序言"在词源上更倾向于"声音"或"言语"，而"协议"更倾向于"书面语"，即使这种区别在原始书写系统中是无关紧要的。

199

或者更确切地说之前的生产，为了把尚不可见的东西放在眼前，它必须说话、预测和宣讲），旅程就必须在它的术语中取消。但是这种减法留下了一个擦除的标记，一个添加到后续文本的剩余，不能再完全总结。因此，这样的操作似乎是矛盾的，我们对它的兴趣也是如此。

但是一篇序言，它存在吗？

——摘自《书之外·序言》，见《撒播》，巴黎：瑟伊出版社，1972，第13—15页

文本6　　　　　　　　"GL"的写作

练习：识别以下文本中的所有的"gl"（和所有"+L的效应"）。我们可以从他的写作，或者更一般化地说为书写哲学，得出什么结论？

如果整个苦役犯的劳作在传输中筋疲力尽……
GL

我不是在说能指"GL"，也不是音素"GL"，也不是字素"GL"。如果我们很好地理解这个词，或者如果我们倾听它，理解为标记会更好；因此甚至也不是标记……不把它当作一个拱石〔因为它只是一个批注（无聊评论）……对于没有元音的辅音，"发音的"音节，不可发声的字母，在发声的某些驱动基础

上，一个没有窒息声的声音……或一团卡在喉咙里的牛奶，一个贪吃婴儿的逗笑声，黏性透明的呕吐物，一个猛禽的帝王式飞行……突然俯冲到你的脖子上……舌头和嘴唇的切分音阀，或落在乳白色声音的寂静中的一颗钉子。我在括号中指出，自从开始阅读这篇文章以来，我一直在思考，就好像这是我的主要目标一样。思考喂养新生儿的歌莉娅（Gloria）和佳利雅（Gallia）这两个牛奶品牌，思考一切可能发生在粥上、贪吃的婴儿的肉汤里的东西、婴儿被强行喂养或断奶，那就是一切拿出来、冻结并掉进加拉利斯①里的东西）]。

——摘自《丧钟》，巴黎：加利利出版社，1974，第137—139页

文本7　　　　　　　　爱与明信片

一封情书，就像一张明信片，总是可以被收件人以外的人阅读。然后它开始看起来像文学，即使恋人靠得更近，又使他们离得更远。这是"命运的悲剧"，作为一个整体的文化的悲剧，也是书写的悲剧。

没有文学，没有你，我的爱……最初，原则上，是邮局，从中我永远无法安慰自己。但是，终于我知道它就像我们的死

---

① 加拉力斯，由酪蛋白和甲醛制得的类角质塑料，主要用于制作小的模制品。——译者注

亡终止。它是根据所有代码、所有体裁和所有可能的语言来编写的，就像一个爱的宣言。一开始是邮局，约翰，肖恩或特里斯坦会说，它从一个没有地址的目的地开始，最后找不到方向。没有目的地，我甜蜜的命运，你懂的，在每个符号内，在每个标记或每行之中，有着距离，还有邮局，这就是为什么必须由另一个人，除了你或我之外的其他人，读取桌上的卡片的原因，一切都是预先注定的。发生这种情况的条件，是它以未到达而结束，甚至以未到达来开始。这就是它的读法和写法，目的地的地图。卑鄙的文学在路上，它伺伏着，潜伏在语言上，一旦你张开嘴，它就剥夺了你的一切，甚至不让你享受你的回程，赤身裸体，回到你爱的人身边，活着，活着，活着，在那边。在镜头之外。为了不会放弃任何东西的条件，为了我的爱会回到我身边、理解我的条件，就是你在那，在那里，在远离我之外异常鲜活。不可触及。你把我送走了。

——摘自《邮寄》，见《明信片——从苏格拉底到弗洛伊德及以后》，巴黎：弗莱马里翁出版社，1980，第34—35页

文本8　　　　　　　因此谁签了社会契约？

签订"第一份合同"是不可思议的，因为一个合同只有在既有规则和制度的框架内才能生效。因此，任何所谓以"社会契约"为基础的政治或法律的基础都是一种幻觉，或者更确切

地说是一种谎言。

在法律上，1776年7月4日美国《独立宣言》的签署人，是人民……因此，这是"好人"（good people）在宣称自己自由，并独立于他们的代表及其代表的代表链条。人们不能确定，这就是整个关键，权力和如此宣言行为的力量，如果独立是通过这个陈述来叙述或产生的。这些代表的链条，增加了这种不确定的必要性。好人们是否已经在事实上解放了自己，并且只是得到了宣言上的这种解放？或者在通过签署宣言的时刻解放？……这种模糊性，比方说，执行结构和陈述结构之间的这种不确定性，是产生研究效果所必需的。它们甚至对于权利的地位也是必不可少的，无论我们在这里谈论虚伪、模棱两可、犹豫不决还是虚构。我甚至会说任何签名都会受到影响。

所以这里有"好人"，他们介入，并且只通过签署来介入，通过签署他们自己的声明。声明中的"我们"是"以人民的名义"在发言。

但是这种人民是不存在的。在这个声明之前，它是不存在的，不是这样的。如果它自己诞生，作为一个独立的主体，作为一个可能的签字人，它只能是这个签名。签名创造了签字人。

——摘自《耳传：尼采的教育和专有名称的政治》，巴黎：加利利出版社，1984，第20—22页文本9 "购物清单"

当我写这份"给自己""为了自己""此时此刻"的购物清单时,我实际上是在写给一个不在场的人(那个还没有到场的人,那个刚冒着忘了必须买什么的风险的人)。

所以我重复一遍,因为我们做得不够:如果我们承认写作(以及一般的标记)必须能够在没有发送者、接收者、生产环境等的情况下发挥作用……这意味着这权力,这种可能性总是被铭记,因此必然被铭记为标记的功能或功能结构中的可能性。那么,它能发挥作用,它可能发挥作用,它可能在缺席的情况下发挥作用,等等。由此可见,这种可能性必然属于其结构,即这解构必须是这样的,使得这种功能是可能的……即使有时标记产生了作用,事实上,在存在的情况下,这不会改变这个结构法则……结构法则与这个结构的可能性是密不可分的,也就是说,必然被记为一种可能性。事实上,似乎没有观察到缺席的客观情况,这好像,有人反对一个标记本质上不是可复现的,因为实际上它在这或那里没有被重复……在我制作"购物清单"的那一刻,我知道……只有当它意味着我不在时它才是(清单),如果它已经从我身上分离出来,以超越我"目前的"行为发挥作用,并且如果它可以在另一个时间使用,在我不在时,在我—现在—不在的情况下使用,正是为了简单的"缺乏记忆",它旨在提供增补。

——摘自《有限公司》,巴黎:加利利出版社,1990,第96—98页

文本10　　　　　　论让—保罗·萨特

萨特和德里达隔了一代人(25年),他们先后在法国和国外占据了他们那个时代知识分子生活的中心地位。

萨特无疑引导了我,嗯,就像当时的许多其他人一样。在阅读他的作品时,我发现了布朗肖、巴塔耶和蓬热——我现在相信可以用不同的方式来解读它们。但不管怎样,萨特,是他,"无法超越的地平线"……像我们这样的社会必须是什么样的社会,对于一个以自己的方式拒绝或忽视他那个时代的许多理论或文学事件的人来说,——让我们说快一点,有精神分析、马克思主义、结构主义、乔伊斯、阿尔托、布朗肖、巴塔耶——他们繁殖并传播了对海德格尔令人难以置信的误解,有时是对胡塞尔的,他开始主宰文化场景,直到成为一个伟大的流行人物?……一个法国知识分子必须是什么人物,才能让这种现象发生或再生?他从哪里获得这些评估的权威?今天我仍然感兴趣的是萨特的法国,我们的文化与这个人(而不是他的作品)的关系。还有萨特在大学的报告。据说它逃避或抵抗他。在我

德里达：书写的哲学
Derrida. Une Philosophie de L'Écriture

看来，学术标准以最内在的方式确定于他的作品之中……分析他的哲学修辞、他的文学批评甚至他的戏剧或小说，无论好坏，都将获益良多，中小学、高中、（备考高师的）文科预备班和高师、大中学教师资格会考的模式和历史……但阅读他，我无疑学到了很多东西，即使是反对他，也是一笔债。

——摘自《悬置点》，巴黎：加利利出版社，1992，第131—132页

文本11　　　　　　　　文学的秘密

哲学的意图是已知的（以论证的方式确立论点），文学的关键永远是不可知的，无法确定的。

文学的东西开始于无法确定，当我谈论某事时我是在谈论某事（关于事物本身，这件事，为了它本身）。我还是举一个例子，某物的例子，或者可以谈论的某事的例子，以我谈论某事的方式，以一般性地谈论一般事物的可能性，甚至写这个言语的可能性，等等。例如，假设我说"我"，无论我是用第一人称写作，还是用他们所谓"自传的"方式来写一篇文章。无人能严肃地反对我说，是否我能肯定（或通过省略号暗示，没有主题化）我不是在写一个"自传"文本，而是关于自传的文本，本身就是一个例子，没有人会严肃反驳我，是否我说（或暗示

等）我不是写"我",而是关于任意的我或一般的我。通过提供一个例子：我只是一个例子,或者我是作为榜样的。为了给出一个事物（一个"我"）或者一个谈论某物的某人的例子,我谈到某事物（"我"）。我举个例子的例子……这是因为文学能够花全部时间来经济地、省略地、讽刺地玩弄这些记号和非记号,玩弄它所有谈论或做出的典范性；因此对它的阅读,同时是一种无尽的解释,一种享受,一种无法估量的挫败感。

——摘自《激情——"倾斜的奉献"》,巴黎：加利利出版社,1993,n.12,第89—90页

文本12　　　　　　　从解构到权利

解构主义,或书写哲学,经常被指责为一种脱离城邦问题的修辞游戏。德里达在这里表明情况并非如此,相反,解构直接导致权利和政治。

对解构风格的研究以权利、法律和正义问题结束,是正常的、可预测的、可取的。如果存在权利、法律和正义这样的东西,这甚至是它们最应该待的地方。解构性的质疑开始了,就像这种情况一样,通过去稳定和复杂化对立；对立的一方是法律、公约、制度,另一方是自然及其所制约的一切。自然所制约的东西,例如,这只是一个例子,实证法和自然法（不同之

处在于这种对立逻辑的置换）的例子；在这种情况下，一种解构性的质疑通过动摇、复杂化或提醒他们的价值悖论，例如他们所有登记册中的财产本质，主体的价值，责任主体的价值，权利和道德主体的价值、法人或道德人的价值、意向性的价值等。以及随之而来的一切，这种解构性的质疑，是对法律和正义的全面质疑。对权利、道德和政治的基础的质疑。

这种对基础的质疑既不是基础主义的，也不是反基础主义的。它有时甚至会质疑或超越质疑自身的可能性或最终必要性，质疑思想的质疑形式，毫无信心或偏见地质疑问题和它的哲学权威的历史本身。

——摘自《法律的力量："权威的神秘基础"》，巴黎：加利利出版社，1994，第22页

文本13　　　　　　　　存档的欲望

乍一看，还有什么比一个档案馆（或一个档案管理员）更不受欢迎的呢？然而，出乎意料的是，我们最深切的渴望可以归结为对档案的渴望。

档案的麻烦联系到档案之恶（mal d'archive）。这里扰乱的无序，无疑是扰乱和模糊视线的东西，阻碍见识的东西，也是事务、秘密、阴谋、半私半公开的阴谋等的混乱，始终处于家

庭、社会、国家、自我与自我之间不稳定的边界。

我们今天处于档案之恶，无论是它最轻微的症状，还是我们的历史和现代史上的大屠杀式的悲剧问题：所有可恶的修正主义以及最合法、必要和勇敢的历史重写。听法语成语，其中的属性"em mal de"（处于……之恶），处于档案之恶，可能意味着在患有疾病、紊乱或"邪恶"可以命名的东西之外的其他东西。这是为了燃烧一种激情。这是不停地追着档案，直至它躲避和退缩的地方。这是追着它跑，在那里，即使有太多、在它内心变成无政府状态的某些东西。这就是带着一种强迫性的、重复的、怀旧的欲望，一种无法抑制的欲望，要返本归源，返回一种乡愁，一种回到最原始的绝对起点的乡愁。没有欲望，没有激情，没有动力，没有强迫，甚至没有强迫重复，那么，对于那些还没有以某种方式遭受档案之恶的人来说，就不会出现"……之恶"。

——摘自《档案之恶》，巴黎：加利利出版社，1995，第140—142页

文本14　　　　　　　　技术与见证

解构或书写（作为远程技术）的观点，使德里达能够在这里展示"见证"和"技术"之间的根本区别和事实上的不可分割性：既不混淆也非截然不同，既不外在也不内在，但是处于

补充或寄生的位置。

拍摄的年轻人[①]被要求亲自前来,当着组成陪审团的活人们和此类合法的活人面前发誓,证明确实是他自己拿着相机,他在现场,看到了他拍摄的内容,等等。因此,见证(témoignage)和证据(preuve)之间存在异质性,因此任何技术记录也存在异质性。技术永远不会提供见证。相反,无论是作证和宣誓,它们不仅仅在于说出真相,"我,现在在这里,在您面前",而是在于刚刚、明天和无限期地重复和确认这一真相。我的见证应该被重复,因此可替代性在见证介入的当下是已然扎根的。见证,作为被携带的见证,作为证明,总是由话语组成。作为证人,就是看到、听到等,但是携带着见证,也就总是说话、持有和假设、发言。因此,受技术庇护的这个话语自身,不就是在可替代性的形式之下吗?这个形式牵连到誓言,或者来自一个证明的语法和最少的修辞。因此出现了明显的矛盾:技术永远不会做出一个见证,见证对于任何技术来说是纯粹的,但它又是不纯粹的,它已经暗示了对技术的求助。

——摘自《电视的超声波检查》,巴黎:加利利出版社,1996,第107—108页

[①] 这指的是非裔美国人罗德尼·金(Rodney King, 1965—2012)在1991年被美国警方暴力执法,并引发1992年洛杉矶暴动的案子。——译者注

文本 15　　　　　　第一个词是一个回应

德里达在这里谈到了"呼唤"和"承诺",更普遍地说,是"好客""责任"和"款待"——伦理问题——无一例外地是原始的重复法则,这也是书写和意指的法则。

如果只有他者能说是(oui),"第一个"是,那么款待总是他者的款待。现在我们必须思考这个属格的语法和谱系。如果我用引号把"'第一个'是"中的"第一个"围起来,那就引出了一个难以想象的假设:没有"第一个是",是已然是一个回应了。但由于一切都必须以某种是开始,回答开始,回答命令。我们必须很好地适应这种痛苦,在这种痛苦中,我们被彻底地抛弃了,没有这种痛苦,就没有前进的承诺。我们必须开始于回应。因此,一开始就没有第一个词。呼叫只在回应后被调用。她走在他前面,而他在她面前是第一位的,只是为了等待使他到来的答案。尽管这条严厉的法则似乎证明了悲剧性的抗议是合理的,("那又怎样?人们会说,那没有回应的呼唤、叫喊和孤独的痛苦呢?祷告所抗议的无限分离,不是相反于呼唤、无限的呼唤的真正条件吗?")需要依然存在,像死神,也就是有限性那样泰然:从它的孤独的无底根基,一个呼唤只有在一个回应的承诺之后才能被听到,才能听到呼唤自身。

——摘自《欢迎词》,见《永别——致伊曼纽尔·列维纳斯》,

德里达：书写的哲学
Derrida. Une Philosophie de L'Écriture

巴黎：加利利出版社，1997，第53—54页

文本16　　　　　　解构与"否定神学"

"否定神学"在于以一种完全消极的方式谈论上帝，因为人类的语言无法以积极的方式描述上帝。在某些方面，解构类似于消极的神学。这是有时用来质疑解构的独创性的论点之一。

人们得以称之为"否定神学"……在定义、归因、语义的或概念的确定等行为中，对语言及其内在的某种态度。假设……否定神学在于，它认为任何谓词，甚至所有的谓词语言，都与本质不符合，等于上帝的超必要性，因此，只有否定的归属（apophatique）可以接近上帝，使我们准备好面对上帝沉默的直觉。那么通过或多或少可支持的类比，我们认识到几种踪迹，否定神学的熟悉氛围，在所有以执着和持续方式来求助于这种否定的确定性的修辞中，在否定神学那无尽繁殖的警告和训斥之中：这叫做X（例如文本、书写、踪迹、延异、处女膜、增补、毒药、副业等），既"不是"这个也不是那个，既不是感性的也不是可理解的，既不是积极的也不是消极的，既不是内在的也不是外在的，既不高也不低，既不主动也不被动，既不在场也不缺席，甚至不中立，甚至没有辩证的第三方，没有可能的替代（黑格尔的扬弃：*Aufhebung*），等等。因此，它既不是

一个概念，也不是一个名词，尽管它的外观像是。当然，这个X适用于一系列的名词，但它呼唤另一种语法，甚至超越了谓语的顺序和结构。它不"是"，也没有说"是"。它的拼写完全不同。

——摘自《心灵：他者的发明》，巴黎：加利利出版社，1997，第536页

文本17　　　　　　　谎言假设有一种共同语言

正如一般来说，可能的条件就是不可能的条件，只有在与我说谎的对象完全一致的情况下，说谎才有可能。

即使谎言假设了这种"我说"的结构，"我们说同一种语言"。否则就没有谎言，这种能力的分享甚至提供了说谎的条件。即使在最严重的误解中，我们也必须说同一种语言，并考虑到我们的阻隔……在谎言、伪证、欺骗、错误的见证中，它不是虚假的见证。一个见证可以是错的，也就是说有错误的，但不是虚假的见证，即不牵涉说谎和故意欺骗的意图。虚假的见证假设这种在语言中的协议。如果我不认为对方理解我对他说的话，就像我告诉他的那样，就像我想告诉他的那样，我就不能说谎。我对你这么说，你相信它，你明白我的意思，你必须准确理解我的意思，这样我才能撒谎或作伪证。我只能对着

某个听到我，在我与之对话时能理解我语言的人说谎，这个人被规定为能力与我匹配：语言能力、修辞能力，我甚至会说语用能力，因为它不仅仅是关于文字和话语——一个人可以不用文字说谎——它涉及语用学中涉及的所有代码，伴随着身体姿势，围绕和确定言语行为，甚至一种既定言语的。

——摘自《持存——莫里斯·布朗肖》，巴黎：加利利出版社，1998，第40—41页

文本18　　　　　　　　文学的责任

在文学中，作者和叙述者之间的差异常常使逃避审查成为可能。然而，这种"什么都说"的可能性并没有减轻作家的责任，相反，他对文学与民主之间的联系负有责任。

总的来说，我坚持将"说出一切"的可能性作为原则上认为是文学的权利，不是为了标记作家的不负责任，无论是谁在文学作品上签名，还是为了标记他的过度责任，也就是说，它的责任不回应已经成立的当局的事实。能够用虚构，甚至是幻想的方式来说出一切，这标志着文学机制（文学，我认为它是一种制度，这就是为什么我经常区分严格意义上的文学，这是一个现代的东西，相对于文学、诗歌、戏剧和一般的史诗来说是较新的），严格意义上的文学是一种与民主原则密不可分的制

度，也就是说，有说话、说或不说他想说的东西的自由。当然，我知道文学在民主制度下并不总是生存下来，审查制度的解除，无论是大规模的还是微妙的，都是一件非常复杂的事情。文学的概念是建立在"说出一切"的原则上的。因此，它质疑事件，这一通过拟象和虚构发生的东西，以及虚构的结构——它可以构成任何话语，特别是表演性话语，那些产生法律和规范的话语。

——摘自《论言语：哲学快照》，巴黎：奥布出版社，1999，第24—25页

文本19　　　　　　　　借口消除罪疚

分析奥古斯丁和卢梭在16岁时犯下的盗窃案（梨、丝带）的故事和辩护。德里达展示了构成"借口"和"罪疚"之间关系的悖论逻辑（寄生的，补充的）。

我们可以在借口和罪疚之间实施一种增补的逻辑。远非消除罪恶感，远非导致"无过错"或"无瑕疵"，借口增加了罪疚，它们产生并增加了过错。"不再有过错"（无罪）不久就变成了"更多的过错"，总是更多的罪恶（无底的内疚）。我们道歉得越多，我们就越少被谅解。因此，罪疚是一种无法抹去的铭文……不可抹去，我会说，因此是不可抗拒的，不可抗拒的

因为不可原谅。书面的借口产生罪疚感。它抹不去错误。作品的写下，一个文本的事件在其文字的体内，远非豁免，相反是一种超载、产生和资本化了一种罪疚的兴趣（我不敢说附加价值）。它过度生产了这种耻辱，它将之存档而不是消除。

——摘自《纸机器》，巴黎：奥布出版社，2001，第69页

文本20　　　　　　　　新的解构人文学

德里达在这里概述了"新人文学科"（未来大学的新学科）的计划，这将是解构性的，因为在那里将放弃对"人的本质"的信念，以支持对具有述行维度和法律维度的新问题的关注。

这些新的人文学科将处理人的历史、人的思想、人物和"人的本质"。它们会从诸多对立的一个未完成系列开始行动；通过这些对立，人来决定自己，特别是在被称为人类的生物和被称为动物的生物之间的传统对立。我敢说，虽然这里无法证明，但任何关于"人类本质"的传统概念，以及因此对人类不利的传统概念，都没有能够抵制一致的科学分析和解构分析。

这里最紧迫的共同点是这些强大的法律行为的问题化（这并不意味着取消资格），这些法律行为已经打断了这种人类的人性的现代历史。例如，我正在考虑至少两个法律述行行为的丰富历史：一方面，是男女权利宣言（因为性别差异的问题在这

里不是次要的或偶然的：我们知道，从1789年到1948年及以后，这些人权宣言就被不断改变和丰富：人的形象，一种能承诺、有希望的动物，尼采说，还有待出现）。另一方面，"危害人类罪"的概念，自战后以来，改变了国际地缘政治的领域，并使得它越来越多地这样做，操纵着世界忏悔的场景，支配着与一般历史既往的关系的场景。

——摘自《无条件的大学》，巴黎：加利利出版社，2001，第68—69页

文本21　　　　　"文本外"和"语言外"

"解构"经常被指责为脱离现实的怀疑立场。德里达一直反对这种解释：所谓不存在独特或特权的语境，并不是说没有语境，恰恰相反。

解构常常表现为否认语言的所有外在性，它将把一切带回到语言的内部。正如我写的"文本之外什么都没有"（il n'y a rien en dehors du texte），所有喜欢把我所说的"文本"称为语言的人都想翻译成"语言之外什么都没有"（il n'y a rien en dehors du languge）。然而……恰恰相反。解构始于对逻各斯中心主义和语音中心主义的解构。它试图解放经验，使其摆脱当时如此强大的语言模型的监护……因此，这是一个最原始的误解问题，

我相信这是出于意识形态和政治的原因。它颠倒地呈现解构，简而言之，与解构所做的相反。例如，关于文学，也是一样，许多人喜欢描述、评价"我的"文学概念为他们称之为"所指对象的悬置"的东西……例如，福柯试图将解构限制在这个文本空间，将文本缩减为书本，缩减为纸上写的内容。由于错误的阅读，他们都指责解构，这个愚蠢的项目想要将一切缩减为书的内部空间，仅仅在图书馆的书架上。对我来说，有一个语言之外部（un dehors du langage），一切都从那里开始。我不轻易把它称为实在（le réel），因为现实（réalité）的概念充满了形而上学的预设。

——摘自《莫斯科往返》，拉·图代居厄：奥布出版社，2005，第108—110页

文本22　　　　　　"我"是人的本质吗？

没有反思，也就是说，如果没有这种以代词"我"为象征的自我的回归，思想似乎是不可想象的。这个"我"，根据许多哲学家的说法，是人类的本质，而动物则没有。德里达在这里提出了两个反对这个论点的论据。

许多动物确实似乎无法进行这种字面上的自我参照，这种自我参照会采取可见的形式，即一种易于镜面图像或将食指转

向自己的操纵来说出或显示：是我在展示自己，我回答。但是，一方面，不确定这种自我指涉性是否以多种形式起作用，显然，在任何一般的遗传系统中，遗传书写的每个元素都必须识别自己，根据某种反身性，在遗传链中标记自身；此外……在诱惑或性战争中表现出自恋暴露的现象，"跟随我这个跟随你的人"，在颜色、音乐、装饰、游行或勃起中自我展开，谁能否认它们来自于一种自我指涉？但反过来，另一方面，根据这里构成我的论证的逻辑矩阵的东西，我们必须质询这个公认的原则：它允许将我们所谓动物本身将被剥夺权利这样的断言，纯粹而简单地赋予人类或理性动物。如果我的……自我位置（autoposition），即使在人那里，意味着我作为一个他者，应该欢迎自我身上某种不可缩减的异质——情感（我已在别处试图证明过），那么我的这种自主性就会既不纯粹也不严谨；它不能在人与动物之间产生一种简单和线性的界限。

——摘自《我所是的动物》，巴黎：加利利出版社，2006，第132—133页

文本23　　　　　　马克思形而上学的解构

在20世纪60年代，德里达是阿尔都塞在巴黎高等师范学院的同事。他已经远离了他所认为的阿尔都塞马克思主义的"形而上学"维度之类的东西。

德里达：书写的哲学
Derrida. Une Philosophie de L'Écriture

我相信对这个阶级斗争概念指向的兴趣，对于分析社会力量冲突的兴趣始终是绝对必要的，但我不确定我们继承的这个阶级概念是否是最好的工具，除非它有相当大的区别……我不能用这种"社会阶层"的表达方式来表达优美或合理的句子。我基本上不知道一个社会阶级到底是什么。我认识那些学院的定义，但是我认为采取来自阵营的复因决定的逻辑还是不够的。如果人们严肃对待复因决定的概念和逻辑——对此我不那么犹豫了，那么，在某种程度上，这种逻辑反过来会威胁或毁掉它所添加的几乎所有东西。阿尔都塞关于复因决定的一切说法比其他的更让我满意——也就是说，唉，几乎损害了其他的一切，特别是他关于"归根到底（的决定作用）"（en dernière instance）的话语，我认为它是其全部哲学事业的形而上学锚点……"归根到底"的概念，基本上是可解构的本身（*déconstructible même*）的一般概念，如果存在这样的东西的话。总是解构或拆除对某些"归根结底"的求助。说"归根结底"而不是基础（infrastructure）并没有太多改变。

——摘自《友谊政治学》（与迈克尔·斯普林克关于马克思和阿尔都塞的访谈），巴黎：加利利出版社，2011，第64—65页

文本概览

文本 24　　　　　　联署将先于签名

就像签名一样，就像民主法则一样，创造被困在一个结或一个环中，其中任何一点都在任何其他点之前和之后。起源总是虚幻的。

所以它从"接收者"的联署开始，通过我们所谓的接收者。作品的起源最终归于收件者的分析，他还不存在，但这是签名开始的地方。当有人在作品上签名时，人们的印象里好像签名是他主动发起的。这就是它的开始；他或她产生了这个东西然后签名。但是，这个签名已经由联署的先未来所产生，联署人会来签署这个签名。当我第一次签名时，这意味着我正在写一些东西，它只有在收件人联署的情况下才会被签名。因此，签名的时间性始终是这个先未来者，它自然地将作品政治化，将其赋予其他人，也就是说，赋予社会、赋予机构、赋予签名的可能性。而且，我认为这里有必要说"政治"和"机构"，而不是简单地说"其他人"，因为如果只有一个，如果假设只有一个会签人，那么就没有签名。一部作品只是公共的，没有私人作品。假设我签署了某样东西，例如一封信，它将由预期的收件人收到并联署，但除非有第三方（整个"社会"），它不会是一件作品，不会在一种虚拟意义中被联署。当只有两者时，这是行不通的。

德里达：书写的哲学
Derrida. Une Philosophie de L'Écriture

——摘自《思考不可见：1979—2004年关于可见艺术的文章》，巴黎：差异出版社，2013，第32页

文本25　　　　　　　念出"犹太人"这个词

在这段欢快的段落中，德里达让他的作品的音乐维度爆发了。

然后，一个人可以，假设这个词，以一千种方式对待它，荣幸地订阅它，假定它，签署它或联署它，无论如何，对我来说，它保留了这种指责的标记，这种谴责性揭露的标记，甚至是这种原初指控的标记，这种罪行的标记，或这种先于任何过错和行为的、不对称归因的责任。为了无愧地说这个词，犹太人，庄重的，我的意思是衡量自己是否配得上这个名字或这个形容词，在音节的声音和可见形式之中，在每个字母的动荡生命中，在它的口语发音和文字设计的动荡不安中——"犹太人"（juif）的"我"（j）和"是"（oui），"我是"的"是"，"我是犹太人"，"我作为犹太人是正义的"的"正义"（juste），或者"我只是一个犹太人"，或者"只是一个犹太义人"（juste un juste），"只是一个正义的犹太义人"，或者，"是的，只是一个正义的，并且比正义或法律更正义的犹太人，是的，我只是一个传闻中的犹太人，他明白自己只是一个正义的犹太人，比正

义更正义，并且必须要求犹太人比正义更正义，我们支持他，他比其他人更正义，是的，比起法律和正义也是更正义，等等"。必须诉诸发明和诗意记忆的力量，诉诸像"回想的鲁莽"（témérité de l'anamneses）这种发明的力量；这需要幻觉的考古学者的艺术或天才，也需要童年的勇气，今晚在此我觉得自己没有这种能力。

——摘自《亚伯拉罕，另一个》，见《最后的犹太人》，巴黎：加利利出版社，2014，第85—86页

术语表

本术语表中的词条，聚焦于"书写"的问题，基本都来自本书作者的另一本著作《德里达词典》(*Dictionnaire Derrida*, Paris: Ellipses, 2016)，欢迎参阅。

无目的地（Adestination）

组合词。到达"目的地"（arriver à destination），就是到达人们应该到达的地方。但是，"无目的地"意味着非目的地（non-destination，因为前缀"a"是否定的）。拉康在关于《被盗的信》的研讨会中认为一封信总是会到达目的地。与拉康不同，德里达认为一封信总是不能到达目的地。[1]因此，无目的地，就是目的地的"悲剧"：[2]一封信只有在公开的情况下才能清晰易读：我可以阅读它，因为每个人都可以阅读它，每个人都是它的目的地，所以没有特权目的地。因此，无目的地是书写记号的可复现性的诸多后果之一。

---

[1] 《明信片》第135页，德里达在《抵抗：论精神分析》中引用，第83页。
[2] 《明信片》第35页，第79页。

原书写（Archi-écriture）

我们自然而然地把书写想象成后（après）来的东西：我们先说话，我们后写作，甚至历史（及其书写）在史前之后。因此，通过"原书写"德里达强调以下事实：书写不是后来的，而是原初的，始终已经存在的。这似乎以一种乍看上去荒谬甚至可笑的方式，攻击了一个公认的证据。如何敢于反对最基本的道理，居然主张书写与言语同时出现，甚至先于言语？然而，它确实是德里达哲学的中心论点之一，通常被视为一种纯粹而简单的挑衅，并激起了不值得的拒绝或者虔诚迷恋的反应，后者同样是不恰当的。因为一个原书写的主题，只要我们冷静地审视之，它无论从逻辑的角度还是从经验的角度来看，都能自证其合理性。

书写的从属特征是我们的文明赋予自身的表征的基础：苏格拉底和耶稣不写作。书写，就像门徒一样，只是"发言人"：一种交流方式，无疑与言语是同质的，但是从属的，只有在它允许其延伸、投射和传播的时空之中时才有用。我们看到，那里正在形成一个德里达恰恰要批评的主题：自发的或自然的想法；根据这种想法，书写本质上是次要的，或者是增补的，相对于更真实的交流、直接发音或听到的言语。在德里达看来，这种对书写的感知，它表面上显示了简单的常识，在整个哲学史上都有体现；它甚至"在其核心，是对书写的适当哲学解释"（《哲学的边缘》，第370页），它决定了书写作为交流中的一种

德里达：书写的哲学
Derrida. Une Philosophie de L'Écriture

简单的经济手段。以孔狄亚克为例[1]，他估计，通过从绘画过渡到象形文字，然后从象形文字过渡到字母表，一个人"简单地减少了字符数量的尴尬"（《哲学的边缘》，第370页）。

然后，德里达将依赖于在书写中收件人的必要缺席（根据定义，一个人只能写信给缺席的人），以完全颠覆当前的书写概念（"哲学的"，实际上是"形而上学的"），坚持任何形式的交流本质上都是"书写"，因为基本上，在所有情况下，收件人的缺席在书写中和在任何情况下一样扮演着相同的角色。德里达的论点在于论证（或指出），如果确实有人选择称"书写"为其中收件人缺席的交流形式，那么即使是在共同存在的情况下，在现实中任何形式的交流都必然存在着"书写"（或缺席）。[2]因此在他看来，所有交流的模式确实是不在场的交流，也就是说书写，因而自相矛盾的是，它依赖于所谓的口头交流。德里达称这种模式为"原书写"。

正如我们所见，该论点是可以接受的，前提是接受作为其基础的评论，即所有交流，不论其表象，都是在"延异的""缺席的"的情况下进行的，包括通过言语进行的交流。这比人们

---

[1] 孔狄亚克（Condillac，1714—1780），法国作家和哲学家，与百科全书派交往甚密，法兰西科学院院士，著有《人类知识的起源》（1746）、《感觉论》等。《人类知识的起源》继承和改革了洛克和笛卡尔等的经验主义和形而上学，指出符号在人类精神发展中的作用，认为知识的唯一来源最终是唯物主义的感觉和观念。——译者注

[2] 《心灵感应》，见《心灵：他者的发明》（*Psyché.Invention de l'autre*），第241页："在一个收件人中，并非一切都是收件人，只有一部分，它与其余部分共同组成。"

想象的更容易接受和理解。在20世纪的作品之后，谁敢坚持说，言语在面对面的两个人之间建立了一种清晰和半透明的交流？相反，德里达支持：交流只能"在缺席中"实现，除了从精神分析、现象学和那个世纪的文学中得出最重要的结论外，什么也没做。当我们与他人交谈时，他们对我们的存在，并不比我们对自己的存在更多。我们永远不知道我们为什么说话，也不知道我们说话的确切范围。因此（例如，在娜塔莉·萨洛特的小说中，不知疲倦地使用的主题），我们对物理在场的人说的话，远不能传达给那些真实在场的人——对自己或他人的在场始终是幻想的。从这个想法出发，基本上很自然地考虑书写，其中这种收件人的缺席是可见的，甚至是必要的，作为所有交流形式的原始模型。

原踪迹（Archi-trace）

原踪迹（《论文字学》，第90页）几乎是"原书写"的同义词，因为书写总是一种"踪迹"（至少每个踪迹都是一种书写），也就是说，在场和/或缺席的中立标志（如跟随一只动物的踪迹，或当手持一本书时，或在一个墓地深思时）。我们很容易证明原踪迹概念的合理性，就像原书写的概念一样。存在"原书写"，因为在任何交流中总是存在缺席，即使是口头上（在口头上总是已经有书写）。同样，存在"原踪迹"，因为任何在场都有缺席，即使我（最终）抓住动物（我所是的），它也会继续发出踪迹和线索。它永远不会完全存在于此时此地、于我的手中。被狩猎和圈养的动物几乎已经死了，已经缺席了，已经有了它自己的踪迹。

无论文（Athèse）

一个复合词。德里达的哲学实践着"无论文"，即论文的缺失。这并不是因为他没有完全可认可的哲学论文，而是因为德里达不把它们理解为"论文"的形式，也就是说，在学术界可以"提出"、确定而且必须"捍卫"的东西。在这方面，颇具意味的一点是德里达的反感，为了得到一个最终没有分配到的教授职位，在1980年，他拒绝"支持"或"捍卫"一篇（博士）"论文"①。事实上，一个"论文"的想法，与德里达最原始的尝试正好相反。②《明信片》乍一看令人惊讶的宣言（第252页）："是的，我的无论文将是无位置（m'athèse ce sera l'aposte）。"换句话说，我所支持的（不是位置/"position"），是"缺少职位"，其中"poste"采取了阳性称谓，这是被提出并确定的（对立于作为"寄送"媒介的邮局）。③无位置（l'aposte）

---

① 参见德里达《标点符号：论文时间》（«Ponctuations:le temps de la thèse»），见《哲学的权利》（«Du Droit à La Philosophie»），第439—459页。
② 同上书，第449页；《关于弗洛伊德的思考》（Spéculer- Sur Freud）第一部分，见《明信片》，第395页；《海域》，第160页。
③ 法语"poste"随着所赋予的阴阳性而变化，具有多重意味。"Le poste"指岗位、职位、项目等。"la poste"，指邮局、驿站、邮车。——译者注

是"位置的缺失"。因此，它确实是"无论文"（宣言具有与重言式逻辑一样的明显性）。对于耳朵来说，"论文（la thèse）"和"无论文（l'athèse）"是一样的发音，就像"邮局（la poste）"和"无位置（l'aposte）"的等价性一样，像延异（différance）中的"a"一样，是解构实践的结果。

自传哲学的（Autobiophilosophique）

德里达在《我所是的动物》（第108页）中捏造的术语，将"自传的"和"哲学的"组合而成，用于界定笛卡尔在《方法谈》和《第一哲学沉思集》中的姿态："将自我的呈现作为哲学的呈现"。在《论言语》（第10页）中，德里达宣称自己"确信，在某种程度上，每篇文章都是自传性的……在《盲人的记忆：自画像与其他废墟》中"，他补充道，"我试图展示，为何即便不是自画像的画作也是自画像式的。"在《这个奇怪的机构》（第254页）中，德里达指出，这个"自传""也许是最不恰当的名字"，用来描述他青少年时期对哲学和文学写作的兴趣（对于"忏悔"的体裁以及卢梭、纪德和尼采等作家），"因为在'他'眼中，这仍然是最神秘、最开放的，即使是在今天（1989年4月）"。

在字母之前（Avant le lettre）

该词指定了一种修辞手段，通过它，现代或新近的名称被

德里达：书写的哲学
Derrida. Une Philosophie de L'Écriture

赋予了一个在该名称下尚不存在的现实："诡辩家在字母之前是世俗的。"①因此，我们可以想象那些处于自己名字之前的现实。《论文字学》的第一部分，题为"在字母之前的书写"。对德里达来说，这是一种谈论"原书写"的方式。在字母之前（也就是说，在符号，无论有字母顺序或无字母顺序的符号发明之前，它们服务于人的"书写"），有书写（也就是说，缺席的交流、远程的交流）。那些"'在字母之前'有过错"的人（儿童和无辜者），是那些"原—过错的"。②

明信片化（Cartepostalisation）

组合词。明信片化是任何写就的明信片的生成状态。也就是说，它的划分或"分割"，它的公共化（它被所有人阅读，而不仅仅是它的收件人），它的碎片化（它是一张一页的，被分离的一块），它的可复现性和它的嫁接（在另一种语境下）（《明信片》，第115页）。《尤利西斯留声机》（第63页）："我暂时接受J.J.（詹姆斯·乔伊斯）的一句话，他说出了一张明信片和一个出版物之间的等同性。任何公开的写作，任何开放的文本，也是提供成公开信那样的非私人的、被暴露的表面，因此也是明信片……《尤利西斯》，一张巨大的明信片。"

---

① "世俗的"（laïque）的名词形式"laïc"源自拉丁语的"laicus"。11世纪才用来界定基督教社会下的一种身份状态，与神职的、教士的身份相对立，也用来指经过了政教分离后的状态。——译者注
② 参见德里达《语言的眼睛》，第55页。

联署（Contre-signature）

就像再标记、复线条一样，是所有双倍图形、原始叠加（回声、丧钟声、鬼魂、幽灵、引用、重复、纪念）的一部分，在德里达那里，使起源和本质都溃败了。

解构（Déconstruction）

组合词。该术语的矛盾方面自然是有意而为的：解构既是破坏又是建设。事情看似不可能，但同时"破坏—建设"的例子并不缺乏。最简单的例子无疑就是裁缝，将一块布料裁剪成另一块布料，我们同时完成了旧布料的破坏和新布料的建造。"解构"因此可以首先被定义为将这种"成分切割"的逻辑，应用于阅读和解释哲学和文学文本（而且，正如我们稍后将看到的，法律、政治、行政等的文本）。一个文本的含义总是产生于一种干预，这基本上是一个简单自然的想法。阅读就是剪切。展示新的剪切，就是写作。因此，解构不是一种理论，而是一种通过缝合剪切来阅读（因此也是写作）的实践（德里达对此解释得很清楚，在《柏拉图的药店》的导论中）。在这方面，"解构"类似于一种非常经典的姿态，也许是哲学史上最古老的姿态，因为正如柏拉图所说，正确地进行哲学思考就是根据事物的自然表达来"切割"一个事物。如果德里达的"解构"显现得如此具有革新性，［德里达坚持这一点，并严厉批评那些借

德里达：书写的哲学
Derrida. Une Philosophie de L'Écriture

用他的术语却不提他作为作者的名字，来翻译某个海德格尔、马克思和弗洛伊德作品的人。(参见《明信片》，第285-286页)] 如此神秘，如此暴力，这是因为，最常见的是，他提出的文本的"分解"传统(柏拉图、卢梭、康德、黑格尔、胡塞尔等)拒绝遵循作者们自己指出的折痕。也就是说，拒绝接受一定数量的等级制度或区别，这些等级制度或区别是他们采用，而他想破坏的哲学立场的基础："概念"和没有概念价值的"词语"之间的等级制，"推演"和"实例"之间的等级制，"文本"和"笔记"之间的等级制，"序言"和"作品"本身之间的等级制，最重要的是言语和书写之间的等级制。"解构"的颠覆面，同时解释了它产生的那些拒绝和热情，因此来自于如下事实：它不在于分解—重组一个给定哲学的诸概念(哲学史上的经典姿态)，而在于分解—重组哲学的衣服边缘(或边缘、边界)，也就是说(因为没有定义、没有边界就没有身份)，建基于苏格拉底对书写的拒绝，通过其对书面文本地位的持续关注，从而模糊了哲学本身的轮廓。

远离城邦的问题和要求，"解构"经常被赞赏(或被批评)为哲学史上令人愉快(或可耻)的混乱局面的建立，或者作为对事物真相漠不关心的美学态度。简而言之，作为一种不够积极和"建设性"的态度。相反，德里达不断努力表明，"解构"的哲学是社会和政治关注的哲学，是关注责任、正义、制度以

术语表

及我遇到的他者①的哲学。在这里，悖论是显而易见的，但逻辑非常真实。哲学的"解构"在于关注"边缘"，或者采取德里达特点的术语，关注哲学或其他任何领域的"框架"。根据这个事实，解构的态度只能在于培养一种注意力，针对文本生产的一切机构层。例如，就哲学而言，解构在于考虑作为"框架"的课程、学校和大学结构、招聘、选择和分类过程、出版法等。从哲学的另一个概念的角度来看，相对于仅由思考和写作组成的一类主要活动而言，这一切都无疑是"边缘的"，或"外在的"，或"次要的"（《绘画中的真理》，第23页）。从这个角度来看，德里达产生了关于哲学教学问题的丰富分析，他曾主持了国际哲学学院的工作，这是一个非典型的机构，但仍然是一个机构。

对于德里达，唯美主义或冷漠的指责也是他耐心地进行细致合理的反驳的对象。再一次以悖论的方式，他实际上倾向于支持，"解构"远不是一种自我封闭的态度，而是关注他人的同一种运动，支持"延异"不会导致冷漠，而完全相反，在紧急情况下就是正义。在《法律的力量》中，被支持的论点在于"解构就是正义"（第35页）——这个宣言乍一看真的是相当模糊，因为"解构"和"正义"这两个术语在我们看来似乎位于不同的平面。论证的原则在于强调：在正确理解的"正义"和

---

① 参见"文本概览"，第12号文本："从解构到权利"；第18号文本："文学的责任"。

德里达：书写的哲学
Derrida. Une Philosophie de L'Écriture

"解构"中，存在同样的悖论、疑难或对立的结构。一个正义的"决定"，实际上悖论地假定了规则的应用和悬置。因为只有关涉一种公共规则才有正义，一个机械运用（被一台机器）的规则将是不正义的。因为它既不考虑诉讼当事人的特殊性，也不考虑法官的自由。在宣告正义的那一刻，在适用法律的那一刻，悬置和应用因此结合在一起（《法律的力量》，第51页）。因此，"正义"恰恰具有一个破坏—构造的矛盾结构，也就是说，对法律的"解构"。最后，解构并没有远离政治，恰恰相反："没有民主就没有解构，没有解构就没有民主。"（《不良少年：论理性的两篇文章》，第130页）也就是说，没有不断的批评，"无条件的""全部条件"的批评（《法律的力量》，第197页）。解构，同时谈论着与自身保持的矛盾关系和民主，以及德里达在政治问题上的干预类型（审慎的、单一的、总是情境化的、从未提前获得的）。通过与"正义"的认同，"解构"因此揭示了一种警惕任何城邦法则的阐释的实践。一个"权利"从不自我建立，总是建造，可建造的，因此是"可破坏的"。"正义"本身，作为决定的时刻，决定"疯狂"的时刻[①]，对奇异性、事件、绝对相异性的关注，是没有建设的，因此是"不可解构的"。从中产生了一句困难的表述："解构发生在那个将正义的不可解构性和法律的可解构性分开的区间。"（《法律的力量》，第35页）表述

[①] 德里达在《法律的力量》第58页中引用了克尔凯郭尔的主题；这一主题还重现在《假币》（*La Fausse Monnaie*）第20页。

234

的复杂性不应该阻止我们掌握一个相当简单的想法：无论是阅读文本还是哲学、文学、法律甚至行政或政治的"档案"，解构都指定了结构生活的同一个过程，也就是说，它们的更新，在于通过和不顾它们的永久性。从这个角度来看，"解构"远非对事物的无端暴力，而是要（描）写出所有形式的现实最普遍、矛盾和差异化结构的运动。

流浪目的地（Destinerrance）

无流浪目的地（Adestinerrance）

游牧部落目的地（Clandestination）

组合词。"流浪目的地"一词让人联想到两个明显矛盾的词："保留给……"（destiner）或"目的地"（destination）和"流浪"（errance）。有"目的地"的东西不是在"流浪"：于是有种内在矛盾的感觉。实际上，在德里达眼中"流浪目的地"是一个同质的观念：他最常支持的论点之一，尤其是在《明信片》中，有这样一个事实，即所有"保留给"、要发送的东西，它永远都找不到真正的收件人（因为如此"真正的收件人"并不存在）。就像信件一样，书籍没有准确的收件人。这甚至是它们的可读性（被任何人理解，断章取义的）的"可能性的条件"：所有写下的东西，就像海中的瓶子，立即开始它的"流浪目的地"。这是乍一看显得悖论的主题，根据这个主题，是信息的收件人决定了信息的意义，因此以某种方式口授了这个信息

(基本上非常接近柏格森的观点，关于过去的有可追溯效力的理解)：哲学史在于向过去的哲学家口授他们发送给我们的信息。远不是从发送者到收件人的过程，前往目的地的寄送追逐的是从收件人到发件人的回程。①因此，"流浪目的地"是"无目的地"的邻居，后者也合法化了"无流浪目的地"新术语的创造。②在《以世界末日的口吻》(第86页)中，"游牧部落目的地"则作为"流浪目的地"的同义词。

延异（Différance）

自1968年1月的会议以来（收录于《哲学的边缘》第1—29页），术语"延异"（带一个"a"）一直是德里达哲学的象征，并且毫无疑问是他去稳定的魅惑风格的最好例子。我们首先会对自己说，"延异"不能完全相同于"差异"（différence），我们是对的："延异"是"差异化的事实"，因此如果你愿意理解的话，是采取动态时期而非静态的差异，是有待确立而不稳定的差异。因此不会有特别的困难。然而，德里达将支持"差异"和"延异"之间的这种微小差异，只要它具有指定一个过程的功能，而不是一个人可以识别或呈现、完成或定义的东西；也不是可以准确地使之无效，或者更确切地说，表明这种区分行为的理性基础的无效特征；就好像求助于"延异"的功能，

---

① 《赋予时间》，第73，182页。
② 《扭转词语》，第88页。

术语表

是为了在构成哲学的许多强大的"讲道理"手段之中，引入一点游戏、颤抖、滑移和不平衡状态。为了使用"différance"这一不合法语语法的拼写，德里达提供了许多理由。首先，一个人必须拼写一个词（即大声说出来）来传达、提供一个被书写所困扰的言语的有趣体验。其次，"différer"也是"延迟"，或"等待时机"（例如，当我们说我们"延迟"购买或决定时），有时会有细微的对立和分歧（différend）（例如，当我们说，我们的意见"不同于"其他人的意见）。① 延异，因此处于时间差异（延迟，耽搁，等待时机）和空间差异（非同一性，非重合，数字区分，分歧）两者的"中间"，就像它持有在言语和书写"之间"（要求我们用发音来一个个字母的拼读）、主动和被动"之间"（"延异"一词的词尾"ance"并不总是表示一种活动）。最后，在一个非区分的"概念"的诸特征下，描绘了一个反概念化的形象，一个反抗定义、分析和区分的例子。

此外，德里达并没有宣称绝对的独创性，他回忆说，他所谓的"延异"以各种形式存在于尼采、弗洛伊德、列维纳斯等作家身上［归类为意识的自我在场的批判，更普遍地说，是对"在场的经典本体论"的批判（《哲学的边缘》，第22页）］；或者，像海德格尔一样，面对后者德里达开始承认他的债务

---

① "différer"有多重含义。当作为不及物动词时，表示"差别""不同""意见不同"，要与介词de、sur等连用。当作为及物动词时，指"延期""推迟"（付款、出发、做某事等）。
　　——译者注

237

德里达：书写的哲学
Derrida. Une Philosophie de L'Écriture

[延异只是"本体差异"的"部署"（《哲学的边缘》，第23页）]；接着德里达认为延异在现实中很可能比本体差异"更'古老'"（第24页），因为毫无疑问"比存在本身更古老"（第28页）。接着，他非常明确地攻击海德格尔关于"在场"（présence）的论点。实际上，"延异"在索绪尔的论点中找到了它的主要理论支持。德里达常常批评语言符号的理论（"符号""能指""所指"，请参见后述"文字学"的内容），但是在对"延异"的阐述中，他非常忠实地采用了索绪尔关于"语言"（la langue）作为"差异的系统"（système de différences）的论点。

我们知道，对于索绪尔来说，一种语言可以比作一种结构，其中没有一个术语本身具有价值，只是与它周围的那些术语不同（就像股票市场一样，一个股票本身无价值，仅仅通过与其他股份、货币等价值产生差异和比较才能产生价值）。因此，"所指"和"能指"只有相对的、差异的身份：一个概念只有在将自己与周围那些概念区分开来的情况下才能存在，这同样适用于口语或书面符号。如此，以至于正如索绪尔所说，在"语言"中，"只有差异，没有正项（terme positif）"。因此，德里达在索绪尔的广义差异理论中找到了他的延异理论所必需的所有前提：索绪尔的观点实际上退一步指出，差异是所有话语和概念化的源头。这个观点对德里达有着双重的意味：一方面，因为它允许他构建一个符号和意指的理论，这种理论与任何对"在场"的指涉都无关：事实上，在索绪尔那里，符号并不指代在场的"事物",只是指代当前的"意指",而仅是异于它的相邻符号;另一方面,因为"无正项的差异"的想法非常接近德里达自己所说的"原始延异",也就是"原书写"的另一个名称。确实,一旦我们问自己一个差异系统(例如给定的语言)是如何产生、构成的,就会从索绪尔的"差异"走到德里达的"延异"。于是,延异将是指定构成这种差异系统的"运动"(《哲学的边缘》,第12页)。这与索绪尔相比,存在"进步",因为似乎不可能想象出比这种差异本身更原始的东西,正如我们已经看到的,自身就是任何概念化、意指和话语的可能性的源泉。在这个意义上,延异比"差异"更具"起源性",即使我们决不能(这将是绝对的误解)在其中看到一个起源的、简单的和聚拢的点:因为延异是原初差异化的悖论形象,也就是说,一个起源总是处于分化、增生的过程,从不固定。

关于存在和意义的论点,延异指出,"在场"和"想说"(*Bedeutung*,意指)只是一个比它们更原始的运动的"效果",它是概念和言语之母。毫无疑问,由于其自相矛盾甚至对立的性质,从中产生了显著的启发式成果。它首先说的是一切形式下的经济法则:如果不是利益的延异,投资实际上是什么?如果不是判断的延异,教育呢?如果不是自然法的延异,城邦的法律呢?如果不是在场的延异,意义呢?如果不是快乐的延异,道德呢?延异的名称将是"保留""保管""资本""现实原则",但是也可理解为是"测量""计算""理性"和"掌握",因此是

239

德里达：书写的哲学
Derrida. Une Philosophie de L'Écriture

"主体""父亲""全能""严肃""生育""起源"……但是，延异也将指定经济法则的对立面：确切地说，作为延异，它将是我们从未领过利益的资本，是快感计算的失败（生命作为死亡的延异，爱欲作为被推迟的死欲，也就是说，作为死欲的延异），它顶着以下名字："消费""传播"（最好是不育）、"踪迹""标记""保证金""损失""剩余""游戏"，还有"混蛋""序言""标题""题铭""体裁""版权""框架""签名"（一个文本或作品有着如此多的延异），简而言之，是一切虽然"被延异的"，但永远不会再试的东西，因为延异将（总是）是没有尽头的。

"延异"，像"可复现性"和"可引用性""葬礼顺序的逻辑"（logique de l'obséquence）一样，它是一个本质上自相矛盾的概念，负责阐明（并且只能够阐明）一个本身矛盾的现实，逃避了"清晰"和"独特"的普通逻辑。在这里，德里达与勒内·吉拉尔非常接近，他们所有的概念建构（"模仿欲望""替罪羊"）都具有揭示人类行为的矛盾的功能，（为什么我们要将我们最初处死的那些生物膜拜为神？）任何关于内容比较的想法被弃之一边，德里达的"延异"甚至可以在本质和作用方面被用来和源于帕斯卡的"原罪"理论比较（这样的比较必然使人吓一跳）。事实上，在这两种情况下，这是一个通过复制起源来解释某些现实的矛盾和对立方面的问题。对于帕斯卡，我们无法理解为什么我们有时是"天使"，有时是"野兽"，因为缺乏理解人的正确"概念",即"原罪",也就是说从一开始就是"堕落的伟大"。我们看到,这个概念非常接近德里达的"原延异"观念。这就是为什么使用非对立概念的"标准"哲学学说,如斯多葛派和怀疑论者做的那样(他们将人视为"强者"或"弱者")。根据帕斯卡的看法,无法理解人的复杂性和对立性,正如他在关于爱比克泰特和蒙田的《与萨西神父的对话》中所解释的那样。我们在德里达身上发现了同样的思想运动:我们被标准逻辑("清楚的"和"区别的",也就是说,总是笛卡尔的,他在这里是两位哲学家的共同敌人)所裹挟,徒劳地区分"自然"和"文化"、"内部"与"外部"、"表象"与"现实"、"敏感与理解""解药与毒药""好资本主义与坏资本主义"等,因为我们拒绝"原延异""寄生""增补"等这些能快速阐明所有困难和悖论的观念。

+L 效果(Effect+L)

将字母"l"添加到已经存在的辅音的程序(《丧钟》,第179页),因此,单词"glas"(将"l"添加给"g")是"l'effect+L"的象征,但是声音"fl"(例如在"花"/ fleur 里)、"cl"(例如在"cloche"中)也唤起了"+L效应"。对于德里达,这是将发音"gl""fl""cl"等视为一个相对同质的集合的一种方式。

去大写字母化（Emajusculation）

将字母大写（Majusculer）

由"大写字母"（majuscule）和"去势"（émasculer）组成的术语。去掉大写字母（例如，从"上帝 / Dieu"一词或"存在 / Etre"一词中），在某种程度上是为了阉割、去势、削减父权或王权的属性。延异，就其破坏了任何被认为是独特和神圣的起源这一点，它本身就是一个去大写字母化的过程（《哲学的边缘》，第28—29页；《丧钟》，第13页；《起源、家谱、类型和天才：档案的秘密》，第20页）。"将字母大写"则是相反的操作，通过这种操作，热内给他的角色起了带大写字母开头的"通用"名字："Mimosa"（米莫萨 / 含羞草），"Querelle"（格瑞尔 / 争吵），"Divine"（迪维纳 / 神圣）等（参见《丧钟》），拉康也实践了这一点（《动物和主人》，I，第148页）。

图表（la Graphique）

德里达经常用阴性定冠词修饰的"图表"来代替附带阳性定冠词的"逻辑"（le logique）。[1] "图表"将是适合于作为延异的书写哲学的逻辑，而不是作为在场的标记。因此，图表也是一种逻辑，如果人们愿意，是非逻辑；或者更确切地说，是一个蔑视逻辑的逻辑。从根本上说，在无限的形式中，在卓越的

---

[1] 《论文字学》，第235页。

悖论中，即先于自我的先验的悖论，或者说，相当于对自我的痴迷。也就是说，在这个不断重复的观念中，所有存在的东西只是重复的，先于自身，被自我困扰，但从不以独特性或起源的形式存在。因此，德里达更愿意谈论"增补性的图表"，而不是增补的"逻辑"，因为增补性（supplémentarité）恰恰旨在破坏"逻辑"的稳定性。

逻各斯中心主义（Logocentrisme）

"逻各斯中心主义"一词是德里达哲学的标志之一，就像"延异"或"解构"。就其本身而言，这个术语没有什么革命性的：全部的现代性就是一个"逻各斯中心主义"，也就是说，文明围绕理性（计算、话语、哲学、科学）而不再围绕信仰。逻各斯主义成了解构的目标，当它被证实，它没有"肉身—阳具中心主义"[carno-phal（logo）-centrisme] 就不前进，当表现在其他文明统治的暴力中，在虐待动物的残忍行为中，这被认为是理性统治的结果；尤其是当哲学理性，似乎远未兑现其清晰和区分的承诺，而是陷入困境以及它无法克服的扭结之中。

隐喻（Métaphore）

德里达用两篇重要的文章来讨论隐喻问题：《白色神话：哲学文本中的隐喻》（1971年，转载于《哲学的边缘》），以及《隐喻的撤回》（1978年，转载于《心灵：他者的发明》）。他提出的问题在于，在"本义"和"引申义"之间进行区分的可能性或不可能性。德里达哲学的主要目标之一恰恰是"本有的"或"挪用的"的概念。此外，解构也呈现为意指的"嫁接术"理论，也就是说支持论点：独立于语境是意指的可能性条件。因此根据德里达的说法，意义的可能性条件应该混同于话语相对其语境的置换的可能性。也就是说，与隐喻的操作本身相混淆。但是，如果所有的话语都只有在是隐喻的（或至少是隐喻化的）条件下，才能是话语，解构就不能不显为一种脱离全部现实的游戏，就像某种使用哲学语词的诗学或文学。如果不能有本义，它如何能有真理的话语？为此付出的代价，话语的一般隐喻性将是怀疑主义，是哲学本身的放弃，逃进一种拼命寻求避免接触现实试金石的话语。

因此，隐喻的问题承载着所有的解构，所有的德里达哲学，甚至可能是一般哲学的可能性。这是一个尤其困难或至少是令人困惑的问题，因为一方面，图像总是帮助思想（"正义的天平""国家之剑""生命的黄昏"等），并被所有哲学家大量使用。另一方面，乍一看最具"哲学性"或"概念性"的术语具有敏感和形象化的起源。例如，"理论""想法""直觉"和"证据"在词源上指定了视觉以及眼睛；"理解"指定了听力以及耳朵；"概念"抓住了《白色神话》（第267—268页）。因此，通常的观念（德里达所拒绝的）在于看到，人们如此习惯于隐喻的概念，以至于不再注意到它们的感官特征。然后，概念将被视为破旧的隐喻，它褪了色，经过了时间的打磨，最后被漂白：来自《白色神话》里的表述，德里达在谈论阿纳托尔·法朗士（Anatole France）时重提了这个表述（《哲学的边缘》，第253页）。但说这些概念只是泛白的隐喻，这是站在一个长期的历史视角，同时又是一个词源学的视角。德里达认为这是一种双重的视角错误。所有的词都不是以同样的速度进化的，我们不断地创造新的概念，就像新的图像那样。因此，隐喻和概念之间的"磨损"关系，无论可能多么丰富（例如，假设一个人使自己能够在"磨损"和有利可图的产量这两者中都感到逐渐的退化，也就是说，损失的同时获得收益），这仍然不精确，并且无法解释隐喻和概念之间真实关系的复杂性（《隐喻的撤回》，第73页）。此外，这种隐喻概念的磨损或变色的过渡观念，换种方式就是所谓从"感性"到"可理解性"的磨损或变色的过渡。如果隐喻和概念之间的关系要以这种方式或根据这种模式来表达，那么我们只是在处理全部哲学中几乎最古老的概念区分，换句话说，从隐喻到概念的过程，或者说概念的诞生，将根据一个明显的循环在概念性的术语中被表达（《隐喻的撤回》，第70页；这也是德里达的著作《空间》（*Khôra*）的主题之一）。

因此，整个困难将是描述概念和隐喻之间相互包含的关系。德里达称这种相互嵌入为"内褶（invagination）"（《隐喻的撤回》，第72、81页），它对立于两个区域之间的边界，或者终止和定义它们的栅栏。想要概念化地定义隐喻，这就是使它臣服

德里达：书写的哲学
Derrida. Une Philosophie de L'Écriture

于概念；但是最古老的概念已经是隐喻的了，事实上，如果没有隐喻或图像，就不可能说出最简单的句子。哲学在日常语言中发展出来，修辞与其是分不开的（《隐喻的撤回》，第64页）。而且，相信人们在此引进了一种广泛的混淆，这假定人们也能够相信区分概念和隐喻的可能性。但是从来没有如此的黄金年代。如果有混淆，它总是已经发生了，我们不能就此追究解构的责任。

然而，德里达试图回到这种情况的起源。依靠（暂时、部分地）海德格尔的论题，关于这个问题的设想，他"撤回"了模式（图像？隐喻？）的存在。它涉及的是一个本体论结构，而不是历史演变。因此，在《隐喻的撤回》的最后几页，德里达以相当强烈的修辞坚持唤起了一个隐喻的准普罗提尼式结构（这就是为什么我们能够将解构视为否定神学的当代版本）[1]，这个隐喻它"撤回""消失"，就在它出现并且当它提供可见性的同时，以柏拉图的太阳的方式，它使一切可见、同时将自己避开视线，以在其创造的世界中隐藏的上帝的方式，以不下降到任何"存在者"的"存在"的方式，隐喻的运动，根据德里达的说法（在这些图像中，"太阳"总已经是一个隐喻），就是在这个"礼物"中——一旦给予此礼物，给予者会立即退出。所有这些仍然是神秘的，只要人们不了解所有这些主题只不过

---

[1] 参见"文本概览"，第16号文本："解构与'否定神学'"。

是哲学写作本身的隐喻或可能意象。德里达最终发展了"启用"（l'entame）的主题，这"登入"（inscription）的同一个运动，它"只会褪色/消失"（《隐喻的撤回》，第89页；相同的表达出现在《友谊政治学》第31页，《抵抗：论精神分析》第138页，《示播列》第89页："日子只会褪色/消失。"）。

所有这一切的指导方案是德里达的意图，他试图给予机会去观看（或想象）书写的事件，即使根据定义，它不可能在一张印刷的页面上的，在那里，所有的人物都在明智地等待眼睛来浏览它们。无论如何，某事发生了，某事除非它立即褪色，否则不可能发生：一条被"撤回"的"笔划（trait）"[以及一个本身总是已经撤回的"撤回"，在加倍自身的运动中压制自己，以至于无人曾亲眼目睹过它，就像勒内·基拉尔中的"驱逐的驱逐（l'expulsion de l'expulsion）"，或者德里达本人所唤起的"马拉诺的马拉诺（marrane de marrane）"，① 他隐藏了自己的伪装]，它从此事实出发，只能以一种"非本身也非引申的""非概念也非隐喻的"方式，才能被唤起：因此笔划什么也不是。"启用"（第一片面包、烤肉、扑克牌）既不是被动的也不是主动的，既不是一也不是多，既不是主语也不是谓语，既不是分开也不是联合。所有的价值对立在差异中，在允许和摆脱同样多的差距之间，有它们的可能性。如何谈论它？我们应该

---

① "Marrane"指中世纪在西班牙因受迫害而改信天主教或伊斯兰教的犹太人。——译者注

德里达：书写的哲学
Derrida. Une Philosophie de L'Écriture

在这里发明怎样的书写？在德里达这边，在此有某种东西，可比较于书写的主观性的狂热探索；这个书写构成梅肖尼克（Meschonnic）[1]许多作品的基础——这是修辞学的决定性时刻，即使根据定义，任何印刷文本都只能显示其踪迹。

阿尔及利亚怀旧（Nostalgérie）

包含了"Nostalgie"（怀旧）和"Algérie"（阿尔及利亚）的组合词。这是"对阿尔及利亚的怀旧"。在阿尔及利亚，德里达度过了他全部的童年和青春期。他从未支持殖民化，但他仍然怀念他知道永远无法回归的过去。谈到埃莲娜·西克苏（Hélène Cixous）时，德里达写道："在我们共同童年的记忆之中，虽然我们从未一起去过那里，但都知道这是一个被降福的花园。虽然说我们从未一起去过，我们却经常微笑着谈论它，用我称之为我的阿尔及利亚怀旧的语调。"（《埃莲娜·西克苏：为了生命，即是……》，第129页）。

葬礼顺序的逻辑（Logique de l'obséquence）

组合词（见《丧钟》，第134b页）。"obséquence"由"葬礼"（obsèques）和"顺序"（séquence）组成；也直接来自拉丁语"obsequor"，"听从……的欲望"，"自我蜷曲于"，从中产生

---

[1] 亨利·梅肖尼克（Henri Meschonnic, 1932—2009），法国语言理论家、散文家、诗人和翻译家。——译者注

了法语"卑躬屈膝的"(obséquieux)和"卑躬屈膝"(obséquiosité)。与之混合的两个观念是哀悼和跟随(suivre)。一般来说，在葬礼上，我们跟着棺材走。在德里达那里，则有一种"葬礼顺序的逻辑"，从某种意义上说，没有任何东西是先在的，一切都是相伴随的："也许，母亲跟随她自己，总是跟随她，根据葬礼顺序的逻辑，她是绝对比喻性的幽灵或返回人世者，《丧钟》也提到了这一点。"(《海域》，第137页)德里达的神—学逻辑：我是跟随者。德里达坚持"葬礼顺序的逻辑"的维度："我永远是死者。这给了我步伐。"①因此，这是"母亲"的逻辑，而不是"父亲"的逻辑：母亲"葬礼举行，在杀死了她所生的人后留下"。在丧钟里，有着"圣母悼歌"。

耳传（Otobiographie）

组合词：传记通过耳朵，属于耳朵，鉴于耳朵。该术语以复数形式表示德里达（《耳传：尼采的教育和专有名称的政治》）作品的标题。耳朵是语音循环的一部分，当我说话时，它让我听到自己的声音。因此，耳朵和声音的循环给出了自反性和"自我"—参考的一个绝佳的近似体（除非它们是矩阵）。一部自传非常接近一部耳传。②尼采以自己有一只小耳朵（与驴子相反）而自豪。德里达（和卡维尔一样）是关于耳朵的哲学

---

① 《丧钟》，第284页；另见《耳传：尼采的教育和专有名称的政治》，第66页。
② 自传（autobiographie）和耳传（otobiographie）的发音相同。——译者注

249

家、音乐大师：解构是回声、共鸣、"丧钟"的方法；对文本的评论允许人们在第二次阅读时首次听见它。

药（Pharmakon）

不确定的术语，"pharmakon"在希腊语中既是"解药"又是"毒药"。法语在"药物"（drogue）一词中保留了一些歧义，它可以指代被认为有用或有益、可在"药品杂货店"销售的物质，也指一定数量的被认为直接有害，或被法律禁止的物质。类似地，在药房中发现的"解药"超过一定的"剂量"也是危险的。因此，对旧术语"药"的反思将很自然地涉及对当代药物问题的反思。在好与坏之间，不可能将其归类，因为它同时来自两个起源，难以通过清晰的概念区别来把握。在德里达的文本中，"pharmakon"是系列术语（"增补""踪迹""处女膜""寄生虫"等，如此多"原延异"或"原书写"的别名）的一部分，在此系列上，形而上学和理性被绊倒（或被解构）。在《柏拉图的药店》里，德里达致力于研究柏拉图《斐德罗篇》的对话，实际上表明，关于"药"一词的"不确定性"，远不是出于一种无关紧要的词汇上的好奇心，事实证明它能够瘫痪整个柏拉图的语料库（并且达到西方形而上学的姿态）——就像某种药（毒芹）知道如何在某天使哲学之父的身体瘫痪。对德里达来说，柏拉图主义可以被看作一种反诉：针对苏格拉底（他不书写）因起诉（graphè在希腊语中既是"写作"也是"法律程序"的意思）而判服毒芹水（一种药）的死刑的诉讼，以书写被判定为药、毒药的诉讼作为回应。

《斐德罗篇》是苏格拉底书写的反诉地之一，书写的发明的神话是其核心片段。书写由其发明者塞乌斯赠送给国王，作为对抗记忆缺陷或疾病的主要解药。但是国王拒绝散发这个发明，相反认为书写加剧了这些邪恶（《斐德罗篇》，第275a页），因此它更是毒药而非解药。在《斐德罗篇》和其他的柏拉图对话中一样，"药"这同一个术语是一种贬值又同时增值的对象。德里达的论点强调，在柏拉图自己的文本中，通过柏拉图主义和哲学的基本区分（可感的／可理解的，自然／法律，哲学家／诡辩家），书写（曾经被定义为pharmakon）的不可能性被谴责。

一方面，实际上在《斐德罗篇》的开头，"药"催眠和引诱苏格拉底，苏格拉底将斐德罗带来的著作比作一种有害的药物，并且具有让他离开城邦的罕见力量。在对话中，同样普遍的是，"唯一和同样的怀疑以同样的姿态笼罩着书籍和药物，书写和神秘却模棱两可的功效只能交付给经验主义和偶然性，根据魔术之道而非必然法则来操作。书籍、《圣经》中死板的知识、积累的故事、术语、食谱和牢记于心的句子，所有这些对于鲜活的知识和辩证法来说都是陌生的，药也是陌生于医学科学的。神话对于知识也是如此"（《柏拉图的药店》，第268页）。书写对于记忆或知识并不是真正的解药：它只是给予了一种表象和模拟。它是重复符号的坏重复——重复着符号，而不是好的重复——

重复着想法（eidos）和观念这类被重复者。死亡的重复，而非生命的重复（《柏拉图的药店》，第343页）。

因此，它本质上是模仿的，欺骗性的："pharmakon"实际上也意味着希腊语中的颜色。因此，与表象、诱惑、错视画、绘画、模仿、再现有关：如此多的"魅力"、蛊惑，巫术的类型，正如我们所知，是由柏拉图所下的谴责。所有这些将导致我们将"pharmakon"视为一种"脸红"，"将死亡隐藏在活泼的外表下"（《柏拉图的药店》，第352页。"pharmakon"也意味着"香水"，对"防腐"非常有用，也就是说隐藏尸体。另见《尤利西斯留声机》，第129页）。从对"pharmakon"的分析中得出的一般想法，最终是分析一个化装舞会，一个与赌博、幻觉和欺骗行为相关的危险和病态的颠覆。

然而，有时苏格拉底和哲学非常接近"药"。在柏拉图的对话中，苏格拉底经常以药师（Pharmakeus）的身份出现，也就是说"巫师"：一个魔术师，一个下毒人，将被指控为"腐蚀青年"。"Pharmakeus"是《会饮篇》中苏格拉底的老师迪奥蒂玛（Diotime）给爱若斯起的名字［我们知道这涉及的是一张苏格拉底的肖像，而爱是他唯一的专长（《会饮篇》，第202e页，引自《柏拉图的药店》，第322—323页）］。苏格拉底"丢了一个运气"给阿伽通；苏格拉底的毒药比毒蛇的毒更可怕，因为它侵入灵魂（《会饮篇》，第217—218页）；它像鱼雷一样麻痹："……在一个陌生的城市，有这样的行为，你长期不会作为巫师被捕。"(《美诺篇》,第80b页)然后,德里达全力支持以下事实:苏格拉底出生于塔尔戈里亚节(Thargelia,阿波罗和阿耳忒弥斯节)的第六天,当时雅典人每年都通过举办"pharmakos"或"替罪羊"的残酷仪式来净化城市,被选出来的两个人被鞭打(有时致死)和驱赶,以便将其驱逐,将城市认为藏匿在其自身"内部"的邪恶放逐到"外部"(《柏拉图的药店》,第339—341页)。因此,苏格拉底在《斐德罗篇》中控诉书写是"药"(pharmakon),然而他出生在"替罪羊"(pharmakos)的被驱逐之日,被指控为"巫师"(pharmakeus),将被判处死刑并饮用毒芹(一种药 pharmakon)。

苏格拉底之死,在《斐德罗篇》中,也引起了属于"药"的价值的惊人逆转。为了抵抗对死亡的恐惧,它占据了苏格拉底门徒的心,必须要进行驱魔或解毒。或者,正如我们在《斐德罗篇》以及大量其他对话篇中看到的那样,这恰恰是分配给辩证法也就是哲学的角色。德尔斐神谕和诸法律本身(一旦写成),就被柏拉图作为"解药"(alexipharmaka,来自 alexo:抵御、排斥、保护、防御之义),来抵抗其他话语。最后,哲学"在于让孩子们放心"(《柏拉图的药店》,第329页):它完全是(基本的决心,将流传数世纪)安慰、解毒剂、"解药"、卓越的药,通过使死亡变得可以接受来帮助生活的药物。然后,可以将"药"中被认可的最高维度折返到书写问题:"书写被认为是记忆的一种可感知的、可见的、空间的替代品;然后它被证明对灵魂、记忆和真理的无形内部是有害的、麻木的。相反地，毒芹被认为是一种对身体有害和麻木的毒药。然后它被证明对灵魂有益，灵魂从身体中释放出来，并唤醒观念的真相。"（《柏拉图的药店》，第335页）斥责"书写是药，即欺骗、迷惑"等的柏拉图式姿态，总是已经被对药的参考所麻痹：因为"哲学—药"不能不在驱逐（于）它自身的情况下，驱逐"药—书写"。

因此，"药"先于概念差异的产生："它是差异的延异"。（《柏拉图的药店》，第335页）因此，它是"原书写"或原初的延异的众多名称之一。因此，我们将避免使它成为一个"主词"，更不用说成为一种神秘、混沌或混乱的哲学的"主概念"了。例如，要说"药"先于"外在"和"内在"的区别，它不是否认这种区分的所有合法性。它只是限制其霸权主张，将其次要化，将其置于效果而不是原则的位置。在"药"的名称下原初的是，这些都不是理性的区分，也不是混淆，而是延异。最终，古希腊语"pharmakon"的不确定性，远不是一种哲学的好奇心，到处感染和影响哲学也就是本体论和形而上学，它还是整个西方政治和社会（因为药物／drogue 通常具有"东方"内涵，并假设"西方"和"东方"之间的区别比以往更加恰当）。

语音中心主义（Phonocentrisme）

语音逻各斯主义（Phonologisme）

从"phonè"（声音，希腊语）一词构造的组合词。德里达描述了西方哲学的"语音中心主义"，也就是说，根据这个观点，"声音"是所有真理的卓越典范。症状：苏格拉底不写，只说，声音与耳朵形成循环（听觉、理解）：它在对自己的直觉中证明自己。直觉、即时性、声音的卓越性、对自我的在场是"语音中心主义"的基本范畴（《论文字学》，第23页）。因此，逻各斯中心主义紧密联系着将存在者的存在确定为在场的观点。列维-斯特劳斯的结构主义被批评为"语音逻各斯主义"（《论文字学》，第151页）。

总是已经（Toujours déjà）

加密的表达方式，在很多段落中出现（例如，早在《几何学的起源》，第24页或第164页："现象学的态度首先在于关注到，真理的未来，总是已经被宣布了。"），指定德里达的书籍的作者或签名者："总是（DErrida Jacques）。"[1]很自然的是，"总是已经"的哲学、原初缺席的哲学、鬼魂的哲学、广泛的可引用性和可复现性的哲学，总是已经在那儿了。该表述出现较早（这是有逻辑的），因为它是德里达的博士论文《论胡塞尔哲

---

[1] 这句引语的发音和"总是已经"（Toujours déjà）十分接近。——译者注

学中起源的问题》(1954年)的基础,就像他在文中明确提到的那样(《致谢》,第6页):"这种全景式的阅读在此以扫描仪的冷静和无礼态度扫过胡塞尔的所有著作,声称某种规律,其稳定性在我今天看来[1990年]更令人惊讶,直到其字面表述中,从那时起,它也从未停止支配我试图证明的一切,就好像一种特异体质正在以自己的方式在转让,已经[déjà,本书作者加着重符强调],一种总是会超过它的必要性,并且必须无休止地进行重新分配。"Déjà,是被抹去或提前摆脱的东西的名称,但是这东西留下一个标记,一个签名逃脱了它从中退出——在此在场——必须考虑的东西"(《马刺》,第30页)。《悬置点》(第29页)提到了《丧钟》(第26页:将déjà作为首字母缩略词),指出:"首字母缩略词……表示页边空白处我的姓名首字母缩写。"德里达在第33页再次回到这个主题,唤起了"他"的名字的"撕碎"和"重新组合"("根据'déjà',Ja, Da, débris, derrière, khi, dérision等)。

踪迹 (Trace)
原踪迹 (Archi-trace)

"踪迹"和"原踪迹"几乎是德里达的"书写"和"原书写"的同义词:"踪迹就是经验本身,到处都是,在这里,没有任何东西可归结为鲜活的在场;在这里,作为参考,每个鲜活的在场都通过参考他者或另一个事物来构建为在场。从这个角度来看，没有限制，一切都是踪迹。对这些提议，有些人认为有点挑衅。我说一切都有迹可循，世界有迹可循，经历有迹可循，这个动作有迹可循。声音是一种书写，声音是踪迹的系统，没有文本之外的东西，也没有任何东西，以某种方式，从经验的外面来给这种踪迹的经验镶边"（《思考不可见》，第69页；另请参见第113页）。"踪迹、书写、标记，是当下的核心，是在场的起源，是一种参照他者、他物的运动。"（《抵抗：论精神分析》第42页；德里达称原踪迹和原书写为"准概念"或"准先验"。）在无数的事件中，我们在《学会最后生活》（第33页）中发现这个术语更个性化地出现了："此刻我留下（出版）'我的'书（没有人强迫我这样做）的地方，出现—消失，我变得就像这个无法教育的幽灵，它永远学不会生活。我留下的踪迹，同时意味着我的死亡，即将到来或已经发生，以及使我幸存下来的希望。这不是永生的野心，它是结构性的。我在那里留下一张纸，我离开，我死了：不可能摆脱这种结构，它是我生命的不变形式。每当我放下一些东西，这种踪迹离开我，以一种不可救药的方式'前进'时，我就活在书写中。""在法语的历史中留下踪迹，这就是我感兴趣的。"（《学会最后生活》，第38页）《除了名字》（第64页）："是的，伤口在那，在下面。还有从不可读的他物吗？除了一处伤口的踪迹之外，还有他物吗？还有从没发生过的他物？你知道事件的另一个定义吗？"一个踪迹返回一个外在于自身的"现实"：一只脚踩在沙子上的印

257

记返回到一个路人，地上的几滴血返回一个伤者，荆棘中的羊毛片返回到一群绵羊。因此，恰恰相反，德里达的语言没有任何限制。在《往返莫斯科》（第108—110页）中，他以一种特别的气势坚持这一点。

参考书目

1.本书中提到的雅克·德里达的作品和版本（按字母顺序排列）

·《永别—致伊曼纽尔·列维纳斯》

ADIEU. À Emmanuel Levinas, Paris : Galilée, 1997.

·《学会最后生活》（与让·波恩鲍姆的访谈）

APPRENDRE À VIVRE ENFIN, Entretien avec Jean BIRNBAUM, Paris: Galilée/Le Monde, 2005.

·《阿尔诺、绘画与肖像》

Artaud, dessins et portraits, Jacques DERRIDA et Paule THÉVENIN (auteurs), Paris: Gallimard, 1986.

·《阿尔托的隐秘艺术》

ARTAUD LE MOMA. Interjections d'appel, Paris : Galilée, 2002.

·《称之为文学的这个奇怪机制》，载《这里或那里的德里达》

«Cette étrange institution qu'on appelle la littérature», Entretien entre Jacques DERRIDA et Derek ATTRIDCE, in *Derrida d'ici, Derrida de là*, Thomas DUTOIT et Philippe ROMANSKI (dir.), Paris: Galilée, 2009, pp. 253-292.

- 《每一次独一无二,世界末日》

CHAQUE FOIS UNIQUE, LA FIN DU MONDE, Présenté par Pascale-Anne BRAULT et Michael NAAS, Paris: Galilée, 2003.

- 《环告录》,载《论文字学》

Circonfession, Paris: Seuil, 1991.

- 《持存:虚构与见证》,载《文学的激情》

«Demeure. Fiction et témoignage», in *Passions de la littérature*, Michel LISSE (dir.), Paris: Galilée, 1996, pp. 13-73.

- 《持存——莫里斯·布朗肖》

DEMEURE- Maurice Blanchot, Paris: Galilée, 1998.

- 《明天会怎样》(与伊丽莎白·卢迪内斯库的访谈)

DE QUOI DEMAIN..., Dialogue avec Elisabeth ROUDINESCO, Paris: Fayard /Galilée, 2001.

- 《德里达》

Derrida, Ceoffrey BENNINCTON et Jacques DERRIDA (auteurs), Paris: Le Seuil, 1991, rééd, 2008, [Contient «Circonfession»].

- 《赋予时间》

DONNER LE TEMPS 1. La fausse monnaie, Paris: Galilée, 1991.

- 《观看的权利(以一种雅克·德里达的阅读)》

Droit de regards. Avec une lecture de Jacques Derrida, Marie-Françoise PLSSART, Paris: Minuit, 1985; rééd. Bruxelles: Les Impressions Nouvelles, 2010. [La «lecture de Jacques Derrida» se trouve p. I-XXXVI].

·《哲学的权利》

DU DROIT À LA PHILOSOPHIE, Paris: Galilée, 1990.

·《电视的超声波检查》（与贝尔纳·斯蒂格勒的访谈）

Échographies-de la télévision, Entretiens avec Bernard STIEGLER, Paris: Galilée,1996.

·《马刺：尼采的风格》

ÉPERONS, LES STYLES DE NIETZSCHE, Préface de Stefano AGOSTI («Coup sur coup»), Paris : Flammarion, 1978.

·《信仰与知识》

FOI ET SAVOIR-Suivi de' Le siècle et le pardon', Paris: Seuil, 2000.

·《法律的力量——权威的神秘基础》

FORCE DE LOI. Le «fondement mystique de l'autorité», Paris: Galilée, 1994.

·《逼迫画布》，载《阿尔诺、绘画与肖像》

«Forcener le subjectile», in *Artaud, dessins et portraits*, pp. 55-107.

·《起源、家谱、类型与天才：档案的秘密》

GENÉSES, GÉNÉALOGIES, GENRES ET LE GÉNIE. Les secrets de l'archive, Paris: Galilée, 2003.

・《丧钟》

GLAS, Paris: Galilée, 1974.

・《埃莲娜·西克苏：为了生命，即是……》

H. C. POUR LA VIE, C'EST-À-DIRE..., Paris : Galilée, 2002.

・《海德格尔与问题：论精神及其他》

HEIDEGGER ET LA QUESTION. De l'esprit et autres essais, Paris : Flammarion, 1990.

・《空间》

KHÔRA, Paris: Galilée, 1993.

・《明信片：从苏格拉底到弗洛伊德及其他》

LA CARTE POSTALE. De Socrate à Freud et au-delà, Paris : Aubier-Flammarion, 1980.

・《平行侧道》（与凯瑟琳·马拉布合著）

La contre-allée, avec Catherine MALABOU, Paris: La Quinzaine littéraire / Louis Vuitton, 1999.

・《撒播》

LA DISSÉMINATION, Paris: Le Seuil, 1972.

・《我所是的动物》

L'ANIMAL QUE DONC JE SUIS, Avant-propos de Marie-Louise MALLET, Paris: Galilée, 2006.

・《绘画中的真理》

LA VÉRITÉ EN PEINTURE, Paris: Flammarion, 1978.

参考书目

- 《声音与现象》

LA VOIX ET LE PHÉNOMÈNE, Paris: PUF, 1967.

- 《9·11 的"概念"》

Le «concept» du 11 Septembre, Jacques DERRIDA, Jürgen HABERMAS, Dialogues à New York (octobre-décembre 2001) avec Giovanna BORRADORI, Paris: Galilée, 2004.

- 《书写与差异》

L'ÉCRITURE ET LA DIFFÉRENCE, Paris: Le Seuil, 1967.

- 《最后的犹太人》

LE DERNIER DES JUIFS, Paris: Galilée, 2014.

- 《他者的单语主义：或起源的补形术》

LE MONOLINGUISME DE L'AUTRE—ou la prothèse d'origine, Paris: Galilée, 1996.

- 《胡塞尔哲学中的起源问题》

LE PROBLÈME DE LA GENÈSE DANS LA PHILOSOPHIE DE HUSSERL, Paris: PUF, 1990.

- 《世纪与宽恕》，载《信仰与知识》

«Le Siècle et le Pardon», Entretien avec Michel WIEVIORKA, in *FOI ET SAVOIR*, pp.101-133.

- 《语言的眼睛》

LES YEUX DE LA LANGUE, Paris: L'Herne, 2005.

- 《触摸，让-吕克·南希》

LE TOUCHER, JEAN-LUC NANCY, Paris: Galilée, 2000.

· 《有限公司》

LIMITED INC., Paris: Galilée, 1990.

· 《几何学的起源》（胡塞尔著，德里达译）

L'origine de la géométrie, de Edmund HUSSERL, Traduction et introduction par Jacques DERRIDA, Paris: PUF, 1962, 1974.

· 《无条件的大学》

L'UNIVERSITÉ SANS CONDITION, Paris: Galilée, 2001.

· 《档案之恶：一种弗洛伊德的印象》

MAL D'ARCHIVE. Une impression freudienne, Paris : Galilée, 1995.

· 《哲学的边缘》

MARCES-DE LA PHILOSOPHIE, Paris: Minuit, 1972.

· 《盲人回忆录：自画像与其他遗迹》

MÉMOIRES D'AVEUCLE. L'AUTOPORTRAIT ET AUTRES RUINES, Paris : Louvre, RMN, 1990.

· 《回忆录：献给保罗·德曼》

MÉMOIRES-POUR PAUL DE MAN, Paris: Galilée, 1988.

· 《往返莫斯科》

MOSCOU ALLER-RETOUR, La Tour d'Aigues: éditions de l'Aube, 1995, 2005.

· 《耳传：尼采的教育和专有名称的政治》

OTOBIOGRAPHIES. L'ENSEIGNEMENT DE NIETZSCHE ET LA POLITIQUE DU NOM PROPRE, Paris : Galilée, 1984, rééd. 2005.

・《纸机器：打印机胶带及其他答案》

PAPIER MACHINE. Le ruban de machine à écrire et autres réponses, Paris : Galilée, 2001.

・《海域》

PARACES, Paris : Galilée, 1986 [nouv. éd. augmentée, 2003].

・《激情——"倾斜的奉献"》

PASSIONS— «L'offrande oblique», Paris: Galilée, 1993.

・《思考不可见：关于1979-2004年可见艺术的文章》

PENSER À NE PAS VOIR. Écrits sur les arts du visible 1979-2004, Ginette MICHAUD, Joana MASÓ & Javier BASSAS (dir.), Paris : La Différence, 2013.

・《悬置点》（访谈录）

POINTS DE SUSPENSION. Entretiens, Paris : Galilée, 1992.

・《政治与友爱》（与迈克尔·斯普林克关于马克思和阿尔都塞的访谈）

Politique et amitié. Entretiens avec Michael SPRINKER sur Marx et Althusser, Paris : Galilée, 2011.

・《友谊政治学》（含《海德格尔的耳朵》一文）

POLTIQUES DE L'AMITIÉ, suivi de L'oreille de Heidegger,

Paris: Galilée, 1994.

- 《多重立场》

POSITIONS, Paris: Minuit, 1972.

- 《偏见，在法律面前》，载《判断的能力》

«Préjugés, devant la loi», in La *Faculté de Juger*, p. 87-139.

- 《心灵：他者的发明》

PSYCHÉ. *Inventions de l'autre*, Paris : Galilée, 1998.

- 《抵抗：论精神分析》

RÉSISTANCES. *De la psychanalyse*, Paris : Galilée, 1996.

- 《除了名字（附言）》

SAUF LE NOM (*Post-Scriptum*), Paris : Galilée, 1993.

- 《动物与主权（研讨会）》第1卷（2001—2002）

SÉMINAIRE LA BÉTE ET LE SOUVERAIN, volume I (2001—2002), Michel LISSE, Marie-Louise MALLET et Ginette MICHAUD (éds), Paris : Galilée, 2008.

- 《示播列：献给保罗·策兰》

SCHIBBOLETH-*Pour Paul Celan*, Paris : Galilée, 1986, 2003.

- 《签名蓬热》

SIGNÉPONGE, New York : The Columbia University Press, 1983; Paris: Le Seuil, 1988.

- 《马克思的幽灵：债务状况、哀悼工作和新国际》

SPECTRES DE MARX. L'État de la dette, le travail du deuil et *la nouvelle Internationale*, Paris: Galilée, 1993.

・《论言语：哲学快照》

SUR PAROLE. Instantanés philosophiques, Paris : France Culture / La Tour d'Aigues : éditions de l'Aube, 1999.

・《扭转词语：在一部影片边缘》

TOURNER LES MOTS. Au bord d'un film, Avec Safaa FATHY, Paris: Galilée / Arte Éditions, 2000.

・《尤利西斯留声机：献给乔伊斯的两句话》

ULYSSE GRAMOPHONE. Deux mots pour Joyce, Paris : Galilée, 1987.

・《面纱》

Voiles, Jacques DERRIDA et Hélène Cixous (auteurs), Paris: Galilée, 1998.

・《不良少年：论理性的两篇文章》

Voyous. Deux essais sur la raison, Paris : Galilée, 2003.

2. 传记

・《雅克・德里达》

PEETERS Benoît, *Jacques Derrida*, Paris: Flammarion(«Grandes biographies»), 2010.

3. 德里达词典

·《雅克·德里达的字母表》

ANTONIOLI Manola (dir.), *Abécédaire de Jacques Derrida*, Mons (Belgique) : SilsMaria, 2006.

·《德里达词典》

LUCY Niall, *A Derrida Dictionary*, Malden (Mass.) / Oxford: Blackwell, 2004.

·《德里达词典》

RAMOND Charles, *Dictionnaire Derrida*, Paris : Ellipses, 2016.

·《德里达词典》

WORTHAM Simon, *The Derrida Dictionary*, London / New York: Continuum, 2010.

4. 关于雅克·德里达的著作和文章

关于德里达的参考书目非常丰富，大部分是英文的，大部分可以在网上找到。下面是一些精选的法语书籍和一些网址链接，可以让你无限制地探索。

·《从德里达到列维纳斯：债务和邮寄：他者的时间、解构和未来的发明》

BADLEH Jalal, *De Derrida à Levinas, la dette et l'envoi: le temps de l'autre, la déconstruction et l'invention du futur*, Paris:

L'Harmattan, 2015.

·《德里达》

BENNINCTON Geoffrey, DERRIDA Jacques, *Derrida*, Paris: Seuil, 2008.

·《雅克·德里达作为一个年轻犹太人的肖像》

CIXOUS Hélène, *Portrait de Jacques Derrida en jeune saint Juif*, Paris : Galilée, 2001.

·《致敬雅克·德里达》

CLÉMENT Bruno (dir), *Salut à Jacques Derrida, revue Rue Descartes*, n° 48, 2005.

·《与雅克·德里达一起思考》

COHEN Joseph (dir), *Penser avec Jacques Derrida, revue Rue Descartes, n°52*, Paris: Collège International de Philosophie, 2006.

·《德里达：哲学的传统》

CRÉPON Marc & WORMS Frédéric (dir), *Derrida. La tradition de la philosophie*, París : Galilée, 2008.

·《德里达的作品目录》

DELAIN Pierre, *Idixia, ou Derridex: http://www.idixa.net/*(bibliographie, dictionnaire, citations...)

·德里达的在线文本和参考书目

DERRIDA Jacques, textes en ligne, références, présentations: http://www.paris8philo.com/article-3428825.html

http://redaprenderycambiar.com.ar/derrida/index.htm

https://monoskop.org/Derrida

http://hydra.humanities.uci.edu/derrida/jdind.html

http://hydra.humanities.uci.edu/derrida/jdyr.html

https://en. wikipedia. org / wiki / Jacques_Derrida#Deconstruction_and_literary_criticism

http://www.erraticimpact.com/-20thcentury/html//derrida.htm

https://courses.nus.edu.sg/course/elljwp/derridalinks.htm

·《谈论事件是否可能?》

DERRIDA Jacques, SOUSSANA Gad, NOUSS Alexis, *Dire l'événement, est-ce possible? Séminaire de Montréal, pour Jacques Derrida*, Paris : L'Harmattan, 2001.

·《制镜子的锡箔:德里达与反思哲学》

GASCHÉ Rodolphe, *Le tain du miroir. Derrida et la philosophie de la réflexion*, Paris : Galilée, 1995.

·《暴力与主体性:德里达、德勒兹、马尔迪尼》

GODDARD Jean-Christophe, *Violence et subjectivité: Derrida, Deleuze, Maldiney*, Paris: Vrin, 2008.

·《雅克·德里达:导论》

GOLDSCHMIT Marc, *Jacques Derrida, une introduction*, Paris: Pocket, 2014.

·《德里达与艺术问题:美学的解构》

JDEY Adnen (dir.), *Derrida et la question de l'art: déconstructions de l'esthétique*; [suivi d'un entretien inédit avec Jacques Derrida], Nantes: C. Defaut, 2011.

·《德里达的阅读》

KOFMAN, Sarah, *Lectures de Derrida*, Paris: Galilée, 1984.

·《人的终结：从雅克·德里达的工作开始》

LACOUE-LABARTHE Philippe et NANCY Jean-Luc (dir.), *Les fins de l'homme. À partir du travail de Jacques Derrida*, Paris : Galilée, 1981, Repr. Paris: Hermann, 2013.

·《文学的激情》

LISSE Michel (dir.), *Passions de la littérature*, Paris: Galilée, 1996.

·《雅克·德里达：动物的政治与伦理》

LLORED Patrick, *Jacques Derrida. Politique et éthique de l'animalité*, Mons (Belgique) : Sils-Maria, 2012.

·《未来的民主：围绕雅克·德里达》

MALLET Marie-Louise (dir.), *La démocratie à venir. Autour de Jacques Derrida*, Paris : Galilée, 2004.

·《自传动物：围绕雅克·德里达》

MALLET Marie-Louise (dir.), *L'animal autobiographique. Autour de Jacques Derrida*, Paris : Galilée, 1999.

·《跨境：围绕雅克·德里达》

德里达：书写的哲学
Derrida. Une Philosophie de L'Écriture

MALLET Marie-Louise (dir.), *Le passage des frontières. Autour de Jacques Derrida*, Paris : Galilée, 1994.

·《德里达》(《赫恩83号笔记》专题)

MALLET Marie-Louise et MICHAUD Cinette (dir.), *Jacques Derrida*, Gahier de L'Herne 83, Paris: Ed. de l'Herne, 2004.

·《德里达的写作：在梦的语言和文学批评之间》

MANZARI Francesca, *Écriture derridienne: entre langage des rêves et critique littéraire*, Bern / Berlin / Bruxelles: P. Lang, 2009.

·《解构与普通语言》

MOATI Raoul, Derrida, Searle. *Déconstruction et langage ordinaire*, Paris: PUF, 2009.

·《德里达：论解构》

RAMOND Charles (dir.), *Derrida-La Déconstruction*, Paris: PUF, 2008.

·《德里达》

SALANSKIS Jean-Michel, *Derrida*, Paris: Les Belles Lettres, 2010.

·《德里达：一个埃及人》

SLOTERDIK Peter, *Derrida*, un *Égyptien*, Paris: M. Sell, 2006.

作者著作表

Chez le même éditeur

·《斯宾诺莎词典》

Le Vocabulaire de Spinoza, Paris: Ellipses,1999, 62 p.

- Reprisin Jean-Pierre ZARADER(dir.), *Le Vocabulaire des Philosophes*, Paris: Ellipses, 2002 (4 vol.), vol. 2 (*La Philosophie Classique, XVIIe-XVIIIe siècle*), pp.167-223.

- Traduction en Portugais: *Vocabulário de Espinosa*, Tradução Claudia BERLINER, Revisão técnica Homero SANTIAGO, São Paulo (Brésil): Editora WMF Martins Fontes, 2010 (Coleção «Vocabulário dos filósofos»), 84 p.

- Traduction en Turc: Spinoza Sözlüğü, Çevirmen [Traduction par] Bilgesu ŞIŞMAN, Istambul : SAY Yayinlari [Éditeur SAY], 2014,130p.

·《德里达词典》

(*Le Vocabulairede Derrida*, Paris:Ellipses, 2001 (première édition, 71p.), 2015(2^{e}édition, revue et augmentée, 126 p.).

- Repris in Jean-Pierre ZARADER (dir.), *Le Vocabulaire des Philosophes*, Paris: Ellipses, 2002 (4 vol.), vol. 4 (*La Philosophie*

德里达：书写的哲学
Derrida. Une Philosophie de L'Écriture

Contemporaine,XXe siècle), p.1049-1101.

- Traduction en Turc: Derrida Sözlüğü, Çeviren [Traducteur] Ümit EDEŞ, Istambul : SAY Yayinlar [Éditeur SAY], 2011, 192 p.

·《勒内·基拉尔词汇》

Le Vocabulaire de René Girard, Paris: Ellipses, 2005 (1re édition,80 p.), 2009(2^e édition, revue et augmentée, 108 p.).

- Repris in Jean-Pierre ZARADER(dir.), *Le Vocabulaire des Philosophes*, Paris : Ellipses, 2006, vol. 5 (Suppléments 1), p. 965-1016.

·《阅读斯宾诺莎》

Lectures de Spinoza (dir., avec Pierre-François MOREAU), Paris:Ellipses, 2006, 304 p.

·《斯宾诺莎词典》

Dictionnaire Spinoza, Paris; Ellipses, 2007, 187 p.

Chez d'autres éditeurs :

·《斯宾诺莎哲学中的质与量》

Qualité et Quantité dans la Philosophie de Spinoza, Paris:Presses Universitaires de France (collection «Philosophie d'Aujourd'hui», dirigée par Paul-Laurent ASSOUN), 1995, 332 p.

·《康德与现代思想：交替的批评》（主编）

Kant et la Pensée Moderne : Alternatives Critiques (dir.), Bordeaux:Presses Universitaires de Bordeaux, 1996, 167 p.

·《斯宾诺莎与现代思想：客观性的建构》

Spinoza et la Pensée Moderne-Constitutions de l'Objectivité, Préface de Pierre-François MOREAU, Paris: L'Harmattan (collection «La Philosophie en Commun», dirigée par Patrice VERMEREN), 1998, 384 p.

·《阿兰·巴丢：思考多元性》

Alain Badiou-Penser le Multiple (dir.), Paris : L'Harmattan (collection«La Philosophie en Commun», dirigée par Patrice VERMEREN), 2002, 575 p.

·《德里达：解构》（主编）

Derrida-La Déconstruction (dir.) Paris:Presses Universitaires de France (collection «Débats Philosophiques», dirigée par Yves-Charles ZARKA), 2005[1], 2008[2], 168p.

- Traduction en Espagnol : *Derrida: La Deconstrucción*, Traducción de Victor GOLDSTEIN, Buenos Aires:Nueva Vision, 2009 (colección "Claves", dirigida por Hugo VEZETTI), 127 p.

·《波义耳的自然哲学》（合编）

La Philosophie Naturelle de Robert Boyle (dir., avec Myriam DENNEHY), Paris: Vrin (collection «Analyse et Philosophie», dirigée par Michel MALHERBE), 2009, 416 p.

·《"人的一生"：传记叙事与哲学人类学》（主编）

德里达：书写的哲学
Derrida. Une Philosophie de L'Écriture

《*Une Vie Humaine...*》- *Récits Biographiques et Anthropologie Philosophique* (dir.), Bordeaux: Presses Universitaires de Bordeaux (Publications du Centre de Recherches 《Lumière, Nature, Sociétés》), 2009, 175 p.

《勒内·基拉尔模拟理论：从习得到启示录》（主编）

René Girard, La Théorie Mimétique-De l'Apprentissage à l'Apocalypse (dir.), Paris:Presses Universitaires de France (collection 《Débats Philosophiques》, dirigée par Yves-Charles ZARKA), 2010, 221 p.

·《斯宾诺莎：自然、自然主义和自然化》（主编）

Spinoza-Nature, Naturalisme, Naturation (dir.), Bordeaux: Presses Universitaires de Bordeaux (Publications du Centre de Recherches《Lumière, Nature, Sociétés》), 2011, 128 p.

·《笛卡尔：诺言与悖论》

Descartes, Promesses et Paradoxes, Paris:Vrin (collection 《Moments Philosophiques》), 2011, 158 p.

·《当代斯宾诺莎：哲学、伦理学与政治》

Spinoza Contemporain-Philosophie, Éthique, Politique, Préface de Alain SÉCUY-DUCLOT, Paris: L'Harmattan (collection 《La philosophie en commun》, dirigée par Patrice VERMEREN), 2016, 491 p.

·《不公正感与流行音乐》（合著）

Sentiment d'Injustice et Chanson Populaire (avec Jeanne PROUST), Sampzon: éditions Delatour France, 2017, 253 p.